T0067858

UN LÍDER A ESTRIBOR

Retornando al estándar de Dios para el liderazgo cristiano

Juan Tomás Hiraldo C.

WESTBOW
PRESS®
A DIVISION OF THOMAS NELSON
& ZONDERVAN

Puede hacer pedidos de libros de WestBow Press en librerías o poniéndose en contacto con:

WestBow Press
A Division of Thomas Nelson & Zondervan
1663 Liberty Drive
Bloomington, IN 47403
www.westbowpress.com
1 (866) 928-1240

ISBN: 978-1-9736-0251-4 (tapa blanda)
ISBN: 978-1-9736-0252-1 (tapa dura)
ISBN: 978-1-9736-0250-7 (libro electrónico)

Número de Control de la Biblioteca del Congreso: 2017914724

Información sobre impresión disponible en la última página.

Fecha de revisión de WestBow Press: 9/20/2017

Contenido

DEDICATORIA

*Este libro está dedicado a tres líderes auténticos que marcaron
mi vida en la esfera natural, espiritual y ministerial:*

Doña **Luisa Cruz de Hiraldo**, a quien desde muy pequeño
ayudaba en casa preparando el espacio e invitando a las
vecinas para sus reuniones semanales de evangelización.
Fue después de uno de sus encuentros que, a la edad de ocho
años, compartí a mi madre que había pedido a Jesucristo
que fuera mi Señor y Salvador. Como parte de su buena
crianza, esta mujer me enseñó a confiar en Dios, a esperar
en sus promesas, a amar su Palabra, y a invertir tiempo
de calidad en el trabajo evangelístico y las misiones de
corto plazo a favor de los perdidos y los necesitados.

Don **Juan Hiraldo Almonte**, mi padre biológico, quien desde
marzo de 2010 fue promovido al cielo para descansar de sus
trabajos en los brazos del Señor Jesús. Un creyente de alma
pura, de amor por la oración y la lectura de la Palabra de
Dios. Un verdadero dominicano en el cual no hubo doblez ni
engaño. Hombre vertical, franco, solidario, comprometido
y trabajador. Un líder ejemplar que llenó su aljaba de hijos e
hijas, a los cuales formó en la disciplina y la amonestación del
Señor, y modeló el carácter de Cristo todos los días de su vida.

Mr. **James Robert Cochrane**, misionero canadiense en la República Dominicana (1947 a 1997). Un siervo de Dios, modelo de compromiso, entrega y sacrificio quien abandonó su patria para llevar el evangelio a los campos de la costa norte de nuestra isla. Con este hombre realicé mis primeros estudios teológicos y se formó mi conciencia sobre la sana doctrina. Fue en sus Cursos de Capacitación Cristiana donde recibí su mayor influencia para invertir tiempo y recursos en el estudio serio de la Palabra de Dios para crecer espiritualmente, madurar en carácter y beneficiar al cuerpo de Cristo.

AGRADECIMIENTOS

"Dad gracias en todo, porque esta es la voluntad
del Señor para vosotros en Cristo Jesús."
(1 Tesalonicenses 5:18 LBLA)

Gracias al Dios Eterno, Padre de nuestro Señor Jesucristo, quien mediante la operación de su Santo Espíritu trajo luz a nuestro espíritu para entender los principios, enfoques y conceptos aquí expuestos, y por permitirnos poner esta publicación en manos del liderazgo cristiano de todo el mundo hispano hablante. ¡A Él sea toda la gloria y todo el honor!

Gracias a mi esposa Mary y a mis hijos Mary Priscila, Juan Luis y Jean Marcos por su comprensión y por ceder de su sagrado tiempo para que pudiera dedicarme, con el sosiego suficiente, al proceso de gestación y producción de este libro. ¡Su ánimo y respaldo moral y espiritual fueron determinantes!

Gracias a mi pastor Tomás Martínez, de la Iglesia Cristiana Oasis en Santo Domingo, por haber realizado la revisión del marco bíblico-teológico de este libro, ayudándonos a asegurar la correcta aplicación de los principios y lineamientos de la Palabra de Dios en el abordaje del tema Liderazgo Cristiano. ¡Su cobertura espiritual fue un regalo del Señor!

Gracias a mi amigo el pastor Dr. Yasser Rivas, de la Congregación Cristiana, Inc. en Santiago de los Caballeros (Rep. Dominicana), por haberse dispuesto a revisar el borrador original, leyéndolo una y otra vez para reforzar la perspectiva bíblico-teológica y escribir las palabras de presentación de este libro. ¡Sus observaciones fueron extremadamente valiosas!

Gracias también a mis amigos Pedro Luis Martínez y Arlenne Rozón, Luis Ureña y Milagros Ureña, Víctor Jiménez y Maribel Núñez, así como a la Iglesia Congregación Cristiana, Inc. de Santiago de los Caballeros quienes bendijeron con sus recursos económicos el proyecto de publicación de este libro. ¡Sus aportes desinteresados fueron evidencias de la fidelidad de nuestro Dios!

Prólogo

Iniciar las páginas de un libro que expone con tanta contundencia bíblica y clareza teológica una apreciable cantidad de principios espirituales que son imprescindibles para el fortalecimiento y desarrollo del liderazgo cristiano de estos tiempos, lo considero un formidable privilegio, pues me confiere un momento puntual para hacer una contribución distintiva al proceso de transformación de la presente y futuras generaciones de líderes en nuestro continente.

Al navegar por las líneas de este inestimable recurso he tenido la oportunidad de deleitarme en relevantes temas tocantes a principios transcendentales que considero deben ser apreciados y reflexionados continuamente en nuestro medio. Igualmente he sido expuesto a valiosas declaraciones escriturales que cobran sentido y propósito en un tiempo donde vivimos una profunda crisis de liderazgo que está socavando los cimientos fundacionales y debilitando los pilares de sustentación, tanto de la vida de La Iglesia como de la sociedad.

Gracias a la maravilla de la tecnología informática y sus avances hoy los líderes tienen acceso a una gran variedad de materiales de buen contenido para una formación espiritual óptima. Se puede estimar que hay muy poco que no haya sido escrito ya respecto a teorías, principios, estrategias, estilos y modelos de liderazgo, así como perspectivas y enfoques (incluyendo el tecnocrático) que no hayan sido considerados para abordar este tema tanto en el ámbito empresarial, político y espiritual, así como en diversas áreas del ministerio cristiano.

No es común encontrar recursos formativos, y de buena lectura, para el liderazgo cristiano que hayan podido fusionar y articular de manera exhaustiva (con gracia de Dios y lupa analítica) el enfoque del liderazgo espiritual, Cristocéntrico y centrado en principios bíblicos, con enfoques y principios actualizados del liderazgo laico contemporáneo, como lo ha hecho en *Un Líder a Estribor* mi amigo Juan Tomás Hiraldo, un hermano y estratega del Reino, a quien en Su tiempo perfecto el Señor me dio la bendición de conocer. Tengo el privilegio de compartir casi un lustro de amistad con el autor de este libro. Un hombre honorable, poseedor de un carácter probo como creyente y como cabeza de familia, que se esfuerza por evidenciar el carácter de Cristo en su andar. He podido advertir en él un profundo compromiso con la causa del Reino de Dios, al verlo contribuir con procesos de construcción de capacidades y diseño de estrategias a favor de múltiples ministerios y decenas de líderes, dentro y fuera de la República Dominicana. Al haber estado involucrado con él en diversos procesos de desarrollo en nuestro ministerio, he podido ser testigo de su pasión sacrificial, desprendimiento y de la excelencia con que se maneja en cada compromiso, por lo que se ha hecho merecedor de nuestro respeto y valoración como siervo de Jesucristo y como profesional.

Liderar conforme al estilo de Jesús en un mundo tan relativista como en el que nos ha tocado existir, se convierte en un desafío de integridad y carácter. Esto adquiere mayor relevancia ante la patente necesidad de poder establecer y fomentar modelos auténticos de liderazgo espiritual que, de forma orgánica, puedan legar a la presente y futuras generaciones una iglesia, un mundo y una sociedad mejores. Liderar con eficacia es un arte que debe ser cultivado, desarrollado y modelado en toda su extensión y magnitud, con la intención de establecer modelos practicables por personas sencillas que, siendo ordinarias, puedan desempeñar tareas extraordinarias, mientras son perfeccionados en el potencial y la adecuada administración de los recursos espirituales que Dios ha colocado, de forma abundante y sin reproche, en cada uno de sus hijos e hijas.

Un Líder a Estribor es un recurso que no debe faltar en el escritorio, en las manos y en el corazón de todo líder cristiano que esté sinceramente interesado en agradar al Señor, en su vida y ministerio, con el ejercicio de un liderazgo que sea más consistente con el modelo de Jesús. En este libro usted será expuesto a principios fundamentales de Las Escrituras que favorecerán su entendimiento y le darán acceso a un compendio de verdades espirituales que le serán de extraordinario provecho en su proceso para convertirse en un líder que replica el carácter del que está sentado a la diestra de Dios. Al leer con diligencia las edificantes páginas de *Un Líder a Estribor* no sólo se enriquecerá su espíritu, sino también su entendimiento y su intelecto, con profundas lecciones y enseñanzas espirituales que lo mantendrán conectado a cada capítulo. Además tendrá acceso a llaves de sabiduría contenidas en afirmaciones que recogen y plantean valiosos principios bíblico-teológicos que le permitirán navegar en el universo del liderazgo cristiano con eficacia, precisión y asertividad espiritual.

En un tiempo donde la cultura del consumo ha creado una mentalidad de atender las necesidades integrales mediante la búsqueda de soluciones prefabricadas o solicitadas a la carta, pocas herramientas persiguen robustecer y consolidar las capacidades y competencias que ya han sido desarrolladas por los líderes. El rol de liderazgo tiene una importancia estratégica, tanto en la planeación de largo plazo como en la cultura organizacional y es imprescindible para poder emprender con éxito cualquier proyecto ministerial y conservar la garantía de su sostenibilidad en el tiempo. *Un Líder a Estribor* tiene el propósito de contribuir a enfocarnos con intencionalidad en el único modelo de liderazgo que nos puede ayudar a realizar una migración, sin retorno, desde los comunes modelos de liderazgo secular que hemos instaurado en La Iglesia, hacia Jesucristo quien es el Estándar de Dios para el liderazgo cristiano. Esto convierte a este libro en una lectura valiosa, desafiante y comprometedora.

Un Líder a Estribor nos da la oportunidad de marcar generaciones con un liderazgo espiritual que trascienda la eventualidad, las estaciones y las coyunturas temporales, no quedándonos suspendidos en el tiempo, sino más bien avanzando a la madurez y hacia el propósito eterno de Dios, quien nos llamó para su servicio exclusivo. El liderazgo espiritual no debe ser reducido solamente a la función, sino que debe evidenciarse en el carácter, esencia y estilo de vida del líder. Muchas veces, cumplir el rol y las funciones de liderazgo resulta menos complejo que satisfacer las demandas puestas en la persona que ejerce como líder. Es precisamente lo que *Un Líder a Estribor* aborda trayendo a nuestros corazones, como la medida estándar de Dios, el modelo de liderazgo de Jesús, quien vivió su vida terrenal ejerciendo un liderazgo que, en sólo tres años y medio, marcó su generación y cambió el curso de la historia de la humanidad.

Es mi esperanza que usted lea este libro atentamente y con diligencia, que no se despegue de él hasta terminarlo, que se deje ministrar por el Espíritu en su paso por cada una de las páginas, y que haga partícipe a sus condiscípulos de sus beneficios y de la obra transformadora que Jesucristo ha emprendido en su liderazgo, convencido de que el que empezó en nosotros la buena obra, la perfeccionará hasta el día de Jesucristo.

Dr. Yasser Rivas C.
Pastor Congregación Cristiana, Inc.
Presidente del Ministerio Apostólico "Jesús es el Señor"
Santiago de los Caballeros, República Dominicana.

INTRODUCCIÓN

"Él es el resplandor de su gloria y la expresión exacta de su
naturaleza, y sostiene todas las cosas por la palabra de su poder.
Después de llevar a cabo la purificación de los pecados, se sentó a
la diestra de la Majestad en las alturas." (Hebreos 1:3 LBLA)

En la Palabra de Dios se usa el adjetivo diestra o derecha para referirse metafóricamente a poder y autoridad. El apóstol Juan registra que en su oración sacerdotal, Jesús dijo: *"Ahora pues, Padre, glorifícame tú al lado tuyo, con aquella gloria que tuve contigo antes que el mundo fuese."* (Juan 17:5 RVR 1960). Cuando se dice de Jesucristo que está *"sentado a la diestra de Dios"* se refiere a que ocupa un lugar de exaltación y preeminencia, donde tiene la facultad para ejecutar todo poder y autoridad. Él mismo refirió esto a sus discípulos, luego de su resurrección, cuando les dijo: *"Toda potestad me es dada en el cielo y en la tierra..."* (Mateo 28:18 RVR 1960). Los siguientes textos[1] de Las Escrituras corroboran el lugar de suprema autoridad y preeminencia que ocupa Jesucristo:

1. *"...Este es mi Hijo amado, en quien tengo complacencia; **a él** **oíd**."* (Mateo 17:5 RVR 1960)
2. *"Desde ahora el Hijo del Hombre **se sentará a la diestra** del poder de Dios."* (Lucas 22:69 RVR 1960)

---

[1] Las negritas en los textos bíblicos referidos en esta parte, son un énfasis del autor.

3. "Y el Señor, después que les habló, fue recibido arriba en el cielo, y se sentó a la diestra de Dios." (Marcos 16:19 RVR 1960)
4. "...veo los cielos abiertos, y al Hijo del Hombre de pie a la diestra de Dios." (Hechos 7:56 RVR 1960)
5. "...según la operación del poder de su fuerza, la cual operó en Cristo, resucitándole de los muertos y sentándole a su diestra en los lugares celestiales." (Efesios 1:19, 20 RVR 1960)
6. "...buscad las cosas de arriba, donde está Cristo sentado a la diestra de Dios." (Colosenses 3:1 RVR 1960)
7. "...Después de llevar a cabo la purificación de los pecados, se sentó a la diestra de la Majestad en las alturas." (Hebreos 1:3 RVR 1960).
8. "...tenemos tal sumo sacerdote, el cual se ha sentado a la diestra del trono de la Majestad en los cielos." (Hebreos 8:1 RVR 1960)
9. "...quien está a la diestra de Dios, habiendo subido al cielo después de que le habían sido sometidos ángeles, autoridades y potestades." (1 Pedro 3:22 RVR 1960)

La diestra de Dios es el lugar desde donde Jesucristo ejerce su dominio, poder y autoridad, y donde intercede por nosotros. Es desde esa posición que Él gobierna sobre La Iglesia y desde donde llama a sus ministros para el servicio en el liderazgo. Como consecuencia, liderar a estribor es estar a los pies de Jesucristo, es adoptar su modelo, conformarse al estándar de Dios y seguir su ejemplo. Es dejarse guiar por él y servir bajo la autoridad que representa el que está a la diestra de la Majestad. Un líder que se ha posicionado a estribor cumple su llamado siendo fiel a la Palabra de Dios, que es el manual de navegación revelado por la Cabeza, y una especie de derrotero[2] para sustentar, edificar, resguardar y encauzar Su Iglesia hacia el cumplimiento de Su propósito eterno.

---

[2] El derrotero es una publicación náutica que contiene instrucciones, datos e informaciones que son indispensables para la navegación segura en los mares y océanos.

Para favorecer mejor tu comprensión del pensamiento central de este libro, permíteme apelar aquí a principios de la navegación marítima y aérea. Las primeras embarcaciones utilizadas por los fenicios eran guiadas por dos grandes remos colocados uno a cada lado del timón, que estaba ubicado al centro de la parte trasera de la nave, conocida como Popa. Sin embargo, el gran número de bogantes que se necesitaban para mover tales naves dejaba un espacio muy reducido para el transporte de la carga. Más tarde, los destacados navegantes vikingos incorporaron a sus naves un único remo y, para que el timonel pudiera maniobrar con más facilidad, se fijó un timón horizontal al mástil que sostenía la vela mayor. Por razones todavía desconocidas, dicho remo se situó al lado derecho del timón, de frente a la parte delantera de la nave, conocida con Proa. *"Al costado derecho del barco, los ingleses lo denominaron el lado de la dirección ("steorborde" en el inglés antiguo), término que dio lugar a la palabra "starboard", de la que proviene nuestra palabra estribor"*[3].

En la nomenclatura de la navegación aérea y marítima son muy conocidos los términos *Babor* para referirse al costado izquierdo de una nave y *Estribor* para referirse al costado derecho de la misma, siempre mirando desde la Popa hacia la Proa. Convencionalmente, estos costados son identificados por placas y luces de color rojo y verde respectivamente. Desde principios del siglo diecinueve, los buques han venido utilizando un sistema de colores para señalar la prioridad de paso (éste se usa también en las alas de los aviones). Una luz roja está colocada a babor y una luz verde a estribor. De este modo, cuando dos naves se acercan perpendicularmente la una a la otra, en curso de colisión, si un capitán o piloto ve una luz roja frente a su nave, él sabe que la otra nave tiene la prioridad para el paso y debe desviar su curso para evitar la colisión. Si por el contrario ve una luz verde, puede continuar su curso sin problemas, pues el capitán o piloto de la otra nave desviará su curso para evitar la colisión.

---

[3] Revista *Muy Interesante*, versión digital, marzo 2014.

El apóstol Judas nos confirma que es **a la diestra de Dios** donde Jesucristo tiene toda gloria y majestad, y donde él ejerce todo su dominio y autoridad. También hace la precisión que así fue antes de todos los tiempos, así es ahora, y así seguirá siendo por todos los siglos (Judas 1:25). El capítulo 11 del libro Hebreos destaca los nombres y las hazañas de un grupo de hombres que, por la fe, marcaron generaciones con su liderazgo, quedando como referentes para que todo el mundo pueda comprender que los siervos del Señor sólo podrán cumplir de manera eficaz su llamamiento ministerial si mantienen la vista puesta en el que está sentado **a la diestra de Dios**. No es casualidad que el autor a los hebreos exhortara a los creyentes diciéndoles: *"…corramos con paciencia la carrera que tenemos por delante, puestos los ojos en Jesús, el autor y consumador de la fe, el cual por el gozo puesto delante de él sufrió la cruz, menospreciando el oprobio, y se sentó a la diestra del trono de Dios."* (Hebreos 12:1, 2 LBLA)

Todos los que hemos sido llamados por el Señor al liderazgo tenemos una carrera por delante que debemos terminar bien, para lo cual es necesario correr legítimamente y con paciencia, despojados de toda carga innecesaria, de "pecados domesticados" y absteniéndonos de todo lo que pueda disminuir nuestra resistencia y capacidad de empuje. Es una carrera que debe estar enfocada en la meta suprema, y todo esfuerzo realizado debe contribuir a acercarnos más a ella, de modo que no estemos corriendo ni trabajando en vano. Cuando hayamos acabado la carrera, habiendo guardado la fe, recibiremos la corona incorruptible de gloria (1 Pedro 5:4) y la corona de justicia (2 Tesalonicenses 4:8), las cuales nos dará el Juez justo para que, cuando nos presentemos delante de Él, tengamos algo perdurable que rendir a los pies del que está sentado a la **diestra de Dios** (Apocalipsis 4:10).

Hoy en día se ha hecho muy popular y atractiva una corriente de liderazgo cristiano que se centra en la persona humana (antropocéntrico), alejándose cada vez del estándar de Dios.

Creemos que existen dos causas fundamentales por las que esto está sucediendo:

1) Muchos líderes del presente están dejando de aferrarse con todas sus fuerzas a la Cabeza, y están siguiendo sus propias visiones y siendo orientados por su mente carnal (Colosenses 2:18, 19).

2) Muchos líderes tienen un concepto reducido del rol de Jesucristo como la Cabeza de La Iglesia (Apocalipsis 1:12-16), por lo que no pueden distinguir claramente las delimitaciones de su propio rol y no alcanzan a comprender en su justa dimensión las expectativas que el Dueño de La Iglesia tiene respecto de su liderazgo y ministerio.

En esta obra nos proponemos abordar el fondo de este asunto desde una perspectiva bíblica, con sencillez y contundencia a la vez. Siguiendo la línea de apelación a los principios de la navegación marítima y aérea, comparemos ahora la Iglesia de Jesucristo con una fragata[4]. Entre las personas claves vinculadas a las operaciones de este tipo de navío están:

1. El **Diseñador** – Es el creador del modelo de embarcación y de sus particularidades, siendo quien concibe cómo deben articularse todas las partes para que funcionen como un todo.

2. El **Constructor** – Es el que hace realidad el proyecto del diseñador, siguiendo las especificaciones del diseño, y quien dispone la embarcación en las condiciones necesarias para navegar con seguridad y cumplir el objetivo de su construcción.

---

[4] Se llama fragata a un buque de guerra para misiones de patrulla y escolta dotado con armas antisubmarinas, antiaéreas y de superficie, tanto defensivas como ofensivas. Fuente: *Diccionario de la Real Academia de la Lengua Española*, edición del Tricentenario, 2013.

3. El **Capitán** – Es la máxima autoridad en el barco y quien ejerce la representación del propietario. Es la persona responsable de todo el funcionamiento del mismo. Dirige, coordina y controla todas las operaciones a bordo. Es responsable del planeamiento estratégico, de la seguridad de la nave, de la navegación, de la carga o pasajeros y de todas las maniobras[5].

4. El **Primer Oficial** – [6]Es la persona que tiene a su cargo las labores de organización del trabajo a bordo, la planificación y supervisión de los trabajos de mantenimiento de cubierta[7], la supervisión de los equipos de seguridad y contraincendios, la gestión de los materiales, partes e implementos necesarios para el mantenimiento y la correcta operación del buque, así como de cumplir la guardia de navegación que tuviere asignada.

5. El **Segundo Oficial** – [8] Es la persona encargada de elaborar la derrota[9], según los criterios marcados por el capitán. También se encarga de corregir las cartas náuticas, y de cumplir la guardia de navegación que tuviere asignada.

6. El **Jefe de Máquinas** – Es la persona responsable de dirigir, supervisar y mantener los sistemas de propulsión mecánica y los servicios auxiliares del barco para el adecuado desplazamiento, así como de la gestión de los materiales,

---

[5] Fernando Rodríguez Wignall, *Enciclopedia Interactiva Nautilus 1*, Google Books, 2004.

[6] Rodríguez Wignall, *Enciclopedia Interactiva Nautilus 1*.

[7] Se denomina cubierta a cada uno de los pisos que dividen los compartimientos de un buque. El piso que recorre la parte superior en toda su extensión de llama cubierta principal (Rodríguez Wignall, *Enciclopedia Interactiva Nautilus 1*).

[8] Rodríguez Wignall, *Enciclopedia Interactiva Nautilus 1*.

[9] Se denomina "derrota" al desplazamiento que hará un buque desde un punto A hasta un punto B (Rodríguez Wignall, *Enciclopedia Interactiva Nautilus 1*).

partes e implementos necesarios para el mantenimiento y la correcta operación de las máquinas que mueven la nave[10].

7. Los **Marineros** – Son todos los tripulantes de un buque, a parte del capitán y los oficiales. Estos se encargan de realizar las labores de distribución, mantenimiento, administración, etc., bajo las órdenes de los oficiales correspondientes. Entre los marineros se encuentran los que ocupan los cargos u oficios de vigías, fontaneros, bomberos, electricistas, mayordomos, conserjes, cocineros y camareros.[11]

Habiendo descrito los roles, funciones y responsabilidades de estas personas claves ¿En cuáles de esas posiciones colocarías tú a los líderes claves de una iglesia? Tómate unos minutos y haz el ejercicio, luego compara tus respuestas con el punto de vista que comparto en las líneas que siguen.

Partiendo de lo que enseña la Palabra de Dios, en las posiciones desde la cuatro a la siete pudiéramos colocar a los distintos servidores que hacen vida ministerial en una iglesia local. La posición de **Diseñador** sólo corresponde a El Eterno, pues La Iglesia es una hechura suya, creada en Cristo para ser su nueva posesión (Efesios 2:10; Tito 2:14).

La posición de **Constructor** corresponde a Jesucristo, quien dijo a Pedro: "*...sobre esta roca edificaré mi iglesia...*" (Mateo 16:18 RVR 1960) y la posición de **Capitán** también pertenece a Jesucristo quien es la Cabeza, la piedra angular y la máxima autoridad de La Iglesia (Colosenses 1:18; Efesios 1:22, 23; y 2:20). Por medio de su Espíritu, Jesucristo reveló estos roles en su Palabra para evitarle sufrimientos y tropiezos innecesarios a su Iglesia.

Cuando las funciones de los componentes humanos de las iglesias locales se mantienen dentro de su rol original, éstas

---

[10] Rodríguez Wignall, *Enciclopedia Interactiva Nautilus 1.*
[11] Rodríguez Wignall, *Enciclopedia Interactiva Nautilus 1.*

pueden avanzar hacia el cumplimiento de su misión terrenal sin mayores contratiempos. Sin embargo, cuando los líderes ejercen su ministerio traspasando los límites de su rol, las iglesias son azotadas por tormentas inesperadas que son aprovechadas por su adversario espiritual para abatirlas y desviarlas del rumbo marcado por el Padre celestial.

Los científicos de la medicina moderna investigan las enfermedades para aprender cómo promover, atender y mejorar la salud física de los seres humanos y los estudiosos de la psicología examinan la conducta humana y los procesos mentales con la finalidad de contribuir mejor a la salud emocional de los individuos y de los grupos humanos. Así también nosotros, como siervos de Jesucristo y celadores de la buena aplicación de la Palabra revelada, hemos auscultado el enfoque y el estándar bíblico para el liderazgo (en su origen, naturaleza y carácter), y lo hemos venido contrastando con la dinámica y desempeño del liderazgo cristiano de nuestro tiempo, buscando con oración y diligencia cómo realizar intervenciones eficaces que nos permitan contribuir al desarrollo de un liderazgo cristiano que sea más consistente con el modelo de Jesucristo.

Con *Un Líder a Estribor* tenemos el propósito de favorecer un movimiento continental que propicie un retorno de los líderes cristianos de este tiempo al Estándar y parámetros del Padre. Conjuntamente, tenemos la intención de promover que los líderes de hoy sean intencionales en mantener calibrado su estilo y prácticas de liderazgo con el estilo y las prácticas que caracterizaron a Jesucristo.

Aspiramos animar los corazones de nuestros consiervos en toda Hispanoamérica a hacer un giro hacia el modelaje de un liderazgo que se parezca más a Cristo, reconociendo la relevancia que tiene el Hijo de Dios como espejo y filtro para los ministros y ministras de este tiempo.

Un Líder a Estribor no es un libro más, sino una iniciativa que busca ayudar a enfilar hacia Jesucristo el carácter, práctica y estilo de liderazgo de los líderes cristianos de este tiempo, para que mediante un ejercicio de contraste, sea posible identificar la magnitud de nuestra desviación de la medida estándar establecida por el Padre, y recurramos con humildad al *taller* del Maestro.

Si al leer este libro, Jesucristo se revela a tu vida y te hace consciente del grado en que te has acercado o desviado del estándar de Dios para el liderazgo en su Iglesia, y si te dispones con disciplina a que el Espíritu Santo trabaje con tu liderazgo, enderezando lo torcido y allanando lo áspero hasta transformarte en un líder genuino que Él pueda usar como vaso de honra, este libro habrá cumplido su propósito.

Como ministros de El Altísimo hacemos bien en reconocer que, en mayor o menor grado, nuestro liderazgo tiene que dar un giro a estribor, hacia la diestra de Dios, donde está Cristo sentado. Todo el que se considera un genuino servidor de Jesucristo, debe ejercer su liderazgo con base en la Palabra de Dios, que es la *carta náutica*[12] que preparó su Capitán.

En su revelación, el apóstol Juan registró: *"...y oí detrás de mí una gran voz, como sonido de trompeta, que decía: Escribe en un libro lo que ves, y envíalo a las siete iglesias: a Éfeso, Esmirna, Pérgamo, Tiatira, Sardis, Filadelfia y Laodicea."* (Apocalipsis 1:10, 11 RVR1960)

En esta etapa final de la historia de La Iglesia, he oído la misma voz profética resonando del cielo a la tierra y diciendo al liderazgo cristiano de este tiempo: ¡Todos a estribor!

Juan Tomás Hiraldo C.
Santo Domingo, Rep. Dominicana
Marzo de 2017

---

[12] En navegación marítima, la carta náutica es una representación gráfica de una extensión de agua y la costa con indicación de todos los datos de interés al navegante, equivale al mapa de uso terrestre (Rodríguez Wignall, *Enciclopedia Interactiva Nautilus 1*).

Capítulo 1

EL ESTÁNDAR DEL SEÑOR PARA EL LIDERAZGO

"No puede el Hijo hacer nada por sí mismo, sino lo que ve
hacer al Padre; porque todo lo que el Padre hace, también
lo hace el Hijo igualmente." (Juan 5:19 RVR 1960)

En la parte introductoria dejamos establecido el concepto del Liderazgo a Estribor. Lo describimos como *"estar a los pies de Jesucristo, adoptar su modelo y seguir su ejemplo; dejarse guiar por él y servir bajo su autoridad, conformarse al estándar de Dios, y cumplir el llamado siendo fiel a las pautas del que está sentado a la diestra del Dios Eterno."* Cuando consideramos a Jesucristo como el estándar[13] de Dios para el liderazgo cristiano, queda explicitado que la medida para el liderazgo espiritual es Dios mismo.

El carácter de Dios como líder sólo puede llegar a ser conocido y entendido en Jesucristo. La manera en que éste vivió, ejerció su ministerio y se entregó para el cumplimiento de la voluntad de su Padre es el referente a ser emulado por todos los líderes

---

[13] La palabra griega utilizada para referirse a una medida o estándar es μέτρον (métron). En sentido figurado se refiere a la base para determinar lo que es suficiente (o no suficiente), lo que es justo (o no justo), lo que es aceptable (o inaceptable). El apóstol Pablo la utiliza en Efesios 4:13 para referirse a *"la medida de la estatura de la plenitud de Cristo"*. Fuente: HELPS Word-studies, copyright © 1987, 2011 por Helps Ministries, Inc.

---

cristianos alrededor del mundo. Si tu liderazgo no se conforma a Jesucristo, no tiene la medida requerida por el Padre y no encaja para Su propósito; si no progresas continuamente hacia el estándar de Dios, tu liderazgo terminará siendo inaceptable ante El Eterno y tú rechazado como líder aunque te mantengas ocupando posiciones de autoridad en una iglesia o ministerio.

Veamos los siguientes textos de la Palabra de Dios para repasar parte del gran aval escritural que legitima a Jesús, llamado también el Cristo, como el hombre señalado para ser entre los mortales la representación exacta de la esencia, carácter y naturaleza del Dios *"solo Soberano, Rey de reyes, y Señor de señores, el único que tiene inmortalidad, que habita en luz inaccesible; a quien ninguno de los hombres ha visto ni puede ver"*. (1 Timoteo 6:15-16 RVR 1960)

a) Jesucristo procede del cielo: *"El primer hombre es de la tierra, terrenal; el segundo hombre, que es el Señor, es del cielo."* (1 Corintios 15:47 RVR 1960)

b) Jesucristo es Dios mismo humanizado para hablar a los seres humanos:*"...en estos postreros días nos ha hablado por el Hijo; ...el cual siendo el resplandor de su gloria, y la imagen misma de su sustancia ..."* (Hebreos 1:3 RVR 1960)

c) Ver a Jesucristo, escucharlo y conocerlo equivale a ver, escuchar y conocer al Padre Celestial en toda su plenitud: *"A Dios nadie le vio jamás; el unigénito Hijo, que está en el seno del Padre, él le ha dado a conocer."* (Juan 1:18 RVR 1960) Compárese Colosenses 1:19.

"...el que me ve a mí, ve al que me envió." (Juan 12:45 NVI)
"El que me ha visto a mí, ha visto al Padre; ¿cómo, pues, dices tú: Muéstranos el Padre?" (Juan 14:9 RVR 1960)

d) Jesucristo es la manifestación en carne del Dios vivo y verdadero: *"Y sabemos que el Hijo de Dios ha venido y nos ha dado entendimiento a fin de que conozcamos al que es verdadero; y nosotros estamos en aquel que es verdadero, en su Hijo Jesucristo. Este es el verdadero Dios y la vida eterna."* (1

Juan 5:20 RVR 1960) Y *"en quien están escondidos todos los tesoros de la sabiduría y del conocimiento."* (Colosenses 2:3 RVR 1960)

Jesucristo, el cordero de Dios, fue hallado digno para ser ofrecido en propiciación por los pecados de la humanidad y él puso su vida en sacrificio voluntariamente, dando paso con ello al ministerio de la reconciliación. Jesucristo no tuvo apego alguno a su condición de Dios, sino que se humanizó y se despojó de sus prerrogativas e intereses para dar cumplimiento al propósito y el interés superior de su Padre. Al acercarse a la humanidad, el Dios Eterno fue intencional en no establecer abismos de separación entre Él y los seres humanos a quienes venía a redimir. Jesucristo se sustrajo de todos sus merecidos nombres y títulos para adoptar la condición de siervo (Isaías 42:1; Marcos 10:45; Filipenses 2:6-8). No sería una osadía colegir que Cristo Jesús declinó utilizar cualquier otro título para mostrar que no pretendía crear distancias con nosotros ni establecer delimitaciones para nuestra relación con Él. Definitivamente, en Jesucristo tenemos a un Dios que se hizo cercano.

Algunos podrían argumentar que el estándar de Dios para el liderazgo es una medida sobrenatural inalcanzable, por lo que se convierte en una impracticable quimera para un líder cristiano. Pero todos sabemos que nuestro Dios nunca ha puesto demandas que no podamos cumplir aunque, por Su naturaleza, siempre son demandas muy altas que sólo son practicables en el poder de su fuerza. Un referente destacado de la emulación de la conciencia ministerial y de las cualidades de liderazgo de Jesucristo lo constituye el apóstol Pablo. Sus palabras a los gálatas evidencian la autenticidad de su consagración como ministro de Jesucristo: *"Con Cristo estoy juntamente crucificado, y ya no vivo yo, mas vive Cristo en mí; y lo que ahora vivo en la carne, lo vivo en la fe del Hijo de Dios, el cual me amó y se entregó a sí mismo por mí."* (Gálatas 2:20 RVR 1960). También nos declaran a todos que la clave para alcanzar la medida estándar de Dios para el liderazgo radica en morir con Cristo, ser vivificados por Él y andar en su naturaleza. Esto podrá no ser fácil pero es posible, pues Pablo dejó el siguiente mandato a los creyentes: *"Sed imitadores de mí, así como yo de Cristo."* (1 Corintios 11:1 RVR 1960)

El apóstol Pablo había internalizado su condición de siervo en una proporción tal que llegó a declarar: *"Cuantas cosas eran para mí ganancia, las he estimado como pérdida por amor de Cristo. Y ciertamente, aun estimo todas las cosas como pérdida por la excelencia del conocimiento de Cristo Jesús, mi Señor, por amor del cual lo he perdido todo, y lo tengo por basura, para ganar a Cristo."* (Filipenses 3:7-8 RVR 1960). Pablo desestimó todo lo que humanamente le daba reputación y le representaba algún tipo de ventaja, prestancia o distinción social a fin de conformarse al modelo de Jesucristo.

En el Nuevo Testamento, entre los títulos más populares para designar los roles, funciones y responsabilidades de los hombres y mujeres que sirven a Dios como líderes, podemos encontrar los siguientes:

a) **Siervo.**-*"El Hijo del Hombre no vino para ser servido, sino para servir, y para dar su vida en rescate por muchos."* (Marcos 10:45 RVR 1960)
b) **Pastor.**-*"...apacienta mis corderos...pastorea mis ovejas... apacienta mis ovejas."* (Juan 21:15-17 RVR 1960)
c) **Ministro.**-*"...nos hizo ministros competentes de un nuevo pacto."* (2 Corintios 3:6 RVR 1960)
d) **Colaborador.**-*"...nosotros somos colaboradores de Dios."* (1 Corintios 3:9 RVR 1960)
e) **Servidor/Administrador.**-*"...téngannos los hombres por servidores de Cristo, y administradores de los misterios de Dios."* (1 Corintios 4:1 RVR 1960)
f) **Obispo.**-*"...mirad por vosotros, y por todo el rebaño en que el Espíritu Santo os ha puesto por obispos..."* (Hechos 20:28 RVR 1960)

En el modelo del mundo son necesarios los títulos académicos, el *marketing* personal y los privilegios que dan las posiciones, pero en la economía del Reino de Dios esto vale poco. Tener afán por conseguir posiciones relevantes y títulos sonoros es una característica distintiva de los líderes terrenales. Así lo especificó Jesucristo cuando exhortó a sus discípulos sobre el carácter de los líderes religiosos de su época:

"...hacen todas sus obras para ser vistos por los hombres. Pues ensanchan sus filacterias[14], y extienden los flecos de sus mantos; y aman los primeros asientos en las cenas, y las primeras sillas en las sinagogas, y las salutaciones en las plazas, y que los hombres los llamen: Rabí, [15]Rabí." (Mateo 23:5-7 RVR 1960).

También resaltó esto al amonestar a sus discípulos cuando se enojaron contra Jacobo y Juan por la petición que hicieran éstos para que Él les concediera sentarse el uno a su derecha, y el otro a su izquierda, en Su gloria:

"...les dijo: Sabéis que los que son tenidos por gobernantes de las naciones se enseñorean de ellas, y sus grandes ejercen sobre ellas potestad. Pero no será así entre vosotros, sino que el que quiera hacerse grande entre vosotros será vuestro servidor, y el que de vosotros quiera ser el primero, será siervo de todos." (Marcos 10:42-44 RVR 1960)

En un contexto donde lo auténtico, verdadero y genuino escasea, es muy probable que lo artificial, fingido y simulado pase a ser lo normal. Con tristeza tenemos que admitir que, en la actualidad, el estándar del Señor para el liderazgo parece haber sido suplantado

---

[14] Pequeñas cajas que contenían textos de las Escrituras, que se usaban para propósitos religiosos. The Lockman Foundation. *La Biblia de las Américas (LBLA)* Copyright © 1986, 1995, 1997

[15] Maestro (The Lockman Foundation. *La Biblia de las Américas)*

JUAN TOMÁS HIRALDO C.

y, como resultado, hoy sufrimos la proliferación de un liderazgo cristiano espurio, de naturaleza híbrida, con reminiscencia bíblica pero inconsistente con el modelo de Jesucristo. Todo líder cristiano cuya práctica de liderazgo no sea consistente con el estándar de Dios, está rayando en la frontera del liderazgo apócrifo. En Mateo capítulo 23, Jesús expone las características de los fariseos y escribas, que los identificaban como líderes adulterados, desnaturalizados y corrompidos.

Aunque el contenido de la prédica de estos líderes religiosos era bueno, su práctica era diametralmente opuesta a lo que enseñaban. En este sentido, el Maestro dijo a la gente y a sus discípulos: *"Ustedes deben obedecer y hacer todo lo que ellos les digan, pero no sigan su ejemplo, porque dicen una cosa y hacen otra."* (Mateo 23:3 RVC). Esta inconsistencia les hacía perder toda la autoridad. La gente notaba que el Maestro de Galilea era diferente a sus líderes religiosos en carácter, enseñanza y práctica; tanto así que *"se admiraban de su doctrina; porque les enseñaba como quien tiene autoridad, y no como los escribas."* (Marcos 1:22 RVR 1960). Lucas escribió: *"se admiraban de su enseñanza porque su mensaje era con autoridad."* (Lucas 4:32 RVR 1960)

Si orientamos en sentido positivo las características negativas que Jesús destacó en los líderes religiosos de su época (ver Mateo 23), pudiéramos decir que el Maestro estaba revelando de manera expresa las características que deben identificar a un líder espiritual. Como el Estándar de liderazgo designado por el Padre, Jesucristo espera que sus ministros:

a) Pongan en práctica lo que predican (23:3).
b) No se enfoquen en llenar formalismos y no impongan restricciones innecesarias a las personas a quienes tienen que servir (23:4).
c) Sean misericordiosos y tengan un interés genuino en las personas y sus necesidades (23:4).
d) Cumplan su ministerio no buscando atraer las miradas y la afirmación de la gente (23:5).

e) No busquen exaltación y reconocimiento de los hombres (23:6, 7; compárese con Marcos 12:38, 39).

f) No gestionen ni persigan nombramientos y posiciones humanas (23:7-10).

g) No saquen provecho de las circunstancias de las personas en condiciones de vulnerabilidad material, emocional o espiritual (23:14; compárese con Marcos 12:40).

h) No sean motivados por la codicia, la avaricia o el amor al dinero (23:16-19; compárese con Lucas 16:14, 15).

i) No sean simuladores o hipócritas y que su vida en privado sea la misma que muestran en público (23:23-28; compárese con 2 Corintios 3:3).

j) No se muestren arrogantes, ni se consideren con superioridad espiritual, llegando a menospreciar a los demás (23:29, 30; compárese con Lucas 16:15; y 18:9-14).[16]

Jesús descalificó a los fariseos y escribas porque su conducta, práctica y estilo de liderazgo no llenaba las expectativas del Dios (Adonai) a quien decían servir. Por el contrario su comportamiento estaba alineado con las intenciones del adversario del Dios Eterno. Con autoridad divina, Jesús hizo públicas sus simulaciones, los expuso como líderes que eran contrarios al Padre Celestial y les dijo abiertamente: *"Sois de vuestro padre el diablo y queréis hacer los deseos de vuestro padre..."* (Juan 8:44 LBLA). Y *"El que es de Dios, las palabras de Dios oye; por esto no las oís vosotros, porque no sois de Dios."* (Juan 8:47 RVR 1960). El Maestro dejó claro a sus discípulos que estos líderes religiosos eran habladores de mentira y homicidas, pues querían matarlo por hablar la verdad y querer hacer las obras del Padre que lo había enviado (ver Juan 8:39-47).

Todos los líderes cristianos de este tiempo necesitamos

---

[16] Esta lista de expectativas la esbozamos originalmente en enero de 2016, en el documento *Instructivo para Líderes en el Sistema de Células* de la Congregación Cristiana, Inc., en Santiago de los Caballeros, Rep. Dominicana (usado con permiso).

procurar no ser descalificados por el Maestro, del cual debemos estar aprendiendo a obrar lo que agrada al Padre Celestial. Jesús dijo a sus discípulos: *"Ustedes no van a entrar en el reino de los cielos a menos que su justicia supere a la de los fariseos y de los maestros de la ley."* (Mateo 5:20 NVI). Esta es una solemne declaración que nos desafía a todos en todos los sentidos. La clave es regresar nuestro liderazgo a los rieles del Señor Jesucristo, pues sólo él puede hacer que sus ministros se conformen al estándar de Dios para el liderazgo. Con lo expuesto en este capítulo esperamos haber encendido las alarmas y creado el sentido de urgencia para que cada líder que tiene este libro en sus manos se haga consciente de su inaplazable necesidad de realizar un giro a estribor y enfilar su vida, ministerio y liderazgo hacia la medida establecida por el que está sentado a la diestra de Dios.

---

¹⁷SELAH...

Al cierre de este capítulo eleva tu corazón al Señor y ríndete a la ministración de su Espíritu.

Es muy posible que con el pasar de los años te hayas desviado, en mayor o menor grado, del estándar del Señor para el liderazgo espiritual. Para identificar qué tanto se ha alejado tu liderazgo de las expectativas del Dios Eterno, responde para ti mismo las siguientes preguntas (procura que tus respuestas te animen a hacer los cambios necesarios):

1) Las motivaciones y los objetivos por los que estoy en el ministerio ¿qué tan parecidos son a las motivaciones y objetivos que tenía Jesucristo? El Maestro dijo: *"Yo he venido*

---

[17] En la poesía hebrea indicaba una pausa intermedia para elevar el corazón al Señor y reflexionar en oración. *Diccionario Bíblico Ilustrado* (Barcelona: CLIE 1981), 1065, 1066

para servir a la humanidad y cumplir la voluntad del que me envió."[18] (ver Marcos 10:45; y Juan 6:38)

2) Mis principales prioridades como ministro o ministra del Señor ¿qué tan consistentes son con las prioridades ministeriales que tuvo Jesucristo? El Maestro destacó que sus prioridades principales eran alimentar su espíritu y completar la obra encomendada por su Padre (ver Juan 4:32-34)

Prepárate ahora para adentrarte en el siguiente capítulo donde juntos exploraremos los relevantes detalles del perfil discreto de Jesús, una de las características que todos los evangelistas concuerdan distinguió su ministerio terrenal.

---

[18] Paráfrasis del autor.

Capítulo 2

EL PERFIL DISCRETO DE JESÚS

"He aquí mi siervo,...; mi escogido, en quien mi alma tiene contentamiento; he puesto sobre él mi Espíritu;... No gritará, ni alzará su voz, ni la hará oír en las calles." (Isaías 42:1, 2 RVR 1960)

En el capítulo anterior dejamos establecido que el carácter de Dios como líder sólo puede llegar a ser conocido y comprendido en Jesucristo. También señalamos que su estilo de vida, su modelo de ministerio y su búsqueda continua de la voluntad del Padre conjugan el paradigma de liderazgo a ser replicado por todos los líderes espirituales de este tiempo, alrededor del mundo. En el presente capítulo revisaremos los rasgos peculiares y las características más destacadas que se hicieron evidentes en la personalidad y carácter de Jesús, un líder espiritual auténtico que vino a trastornar la cultura de liderazgo de su época y de todas las generaciones.

Nuestro Maestro vivió en una época y en una cultura que era un crisol de muchas otras culturas, razas y religiones. Desde los faraones en las dinastías de los egipcios, pasando por los emperadores y reyes asirios, babilonios, medos y persas, llegando hasta los griegos y romanos, los líderes políticos eran individuos que se consideraban superhombres elegidos por los dioses de su mitología; a éstos había que rendir pleitesía, obediencia y adoración en todas las tierras donde regían sus dominios.

Estamos hablando de un poco más de mil quinientos años en los que los gobernantes de esos pueblos establecieron los parámetros y características personales y psico-sociales para todo hombre que ostentara una posición de gobierno supremo entre los seres humanos en la tierra habitada conocida. Esto lo confirma el evangelista Mateo cuando escribe sobre los sabios que vinieron del oriente a Jerusalén siguiendo una estrella y fueron a buscar el rey que había nacido en el palacio de Herodes el Tetrarca: *"...¿Dónde está el rey de los judíos, que ha nacido? Porque su estrella hemos visto en el oriente, y venimos a adorarle. Oyendo esto, el rey Herodes se turbó y toda Jerusalén con él."* (Mateo 2:2, 3 RVR 1960)

Jesucristo vino a romper con toda esa cultura de dominación de hombres sobre los hombres para establecer una cultura de hombres al servicio de los hombres. Él mismo se identificaba como el Hijo del Hombre que *"no vino para ser servido, sino para servir, y para poner su vida en rescate por muchos"* (Marcos 10:45 RVR 1960). En confirmación de esto, enseñó a sus discípulos diciéndoles: *"Sabéis que los que son tenidos por gobernantes de las naciones se enseñorean de ellas, y sus grandes ejercen sobre ella potestad. Pero no será así entre vosotros, sino que el que quiera hacerse grande entre vosotros será vuestro servidor, y el que de vosotros quiera ser el primero, será siervo de todos"* (Marcos 10:42-44 RVR 1960).

Aunque era el gran YO SOY encarnado, Jesucristo prefirió ser un siervo de los hombres en lugar de dominarlos y servirse de ellos, como estaban acostumbrados a hacer los líderes políticos y religiosos de todas las épocas que precedieron la suya. Toda la evidencia que hay en Las Escrituras es suficiente para que, sin mucho esfuerzo teológico, podamos concluir que una de las características más distintivas del ministerio terrenal de Jesucristo fue su perfil discreto. Se define perfil como un *"conjunto de rasgos peculiares que caracterizan a alguien o algo"*[19]. Tanto la manera en que ocurrieron los hechos relacionados con su nacimiento, como la forma en que Jesús vivió y ejerció su ministerio indican la intencionalidad del Padre Celestial en mostrar la condición humilde de su siervo Jesús. Encontramos en la Biblia referencias indicando que Emanuel (Dios con nosotros) tendría una condición social humilde y que de esa manera viviría (aunque todo fue creado para Él)[20]:

1. *"Comerá mantequilla*[21] *y miel."* (Isaías 7:15 RVR 1960)
2. *"Lo envolvió en pañales y lo acostó en un pesebre."* (Lucas 2:7 RVR 1960)
3. *"Le trajeron a Jerusalén para presentarle y ofrecer un* [22]*par de tórtolas o* [23]*dos palominos."* (Lucas 2:22-24 RVR 1960)

Durante el ejercicio de su ministerio hubo incontables evidencias de la manifestación del extraordinario poder de Jesucristo (ver Mateo 4:23, 24; y 15:30, 31), y aunque su fama se expandía por todas partes, él prefería pasar inadvertido, como se relata en los siguientes textos:

a) *"Y se les abrieron los ojos. Y Jesús les advirtió rigurosamente, diciendo: Mirad que nadie lo sepa."* (Mateo 9:30 RVR 1960)

---

[19] *Diccionario de la Real Academia de la Lengua Española*, edición del Tricentenario, 2013.

[20] *"...; todo fue creado por medio de él y para él"* (Colosenses 1:16 RVR 1960)

[21] *"... o requesones y miel; a veces los únicos alimentos disponibles a los pobres que son autosuficientes"*. Iván D. Sanderson, *ISAÍAS - Los Tiempos del Cumplimiento* (Westbench Publishing, 2012).

[22] *"Y si no tiene lo suficiente para un cordero, tomará entonces dos tórtolas o dos palominos"*. (Levítico 12:8 RVR 1960).

[23] Por la ofrenda de *"un par de tórtolas o dos palominos"*, entendemos que José y María estaban en circunstancias de pobreza (2 Cor. 8:9), aunque no de pobreza extrema. Robert Jamieson et al, *Comentario Crítico y Explicativo del Antiguo y Nuevo Testamento. Volumen II* (El Paso, TX: Casa Bautista de Publicaciones, 2003).

b) *"Y les advirtió que no revelaran quién era Él."* (Mateo 12:16-19 RVR 1960)

c) *"Entonces ordenó a los discípulos que a nadie dijeran que Él era el Cristo."* (Mateo 16:20 RVR 1960)

d) *"Y le dijo: Mira, no digas a nadie nada, sino ve, muéstrate al sacerdote…"* (Marcos 1:44 RVR 1960)

e) *"Entonces les dio órdenes estrictas de que nadie se enterara de esto; y dijo que le dieran de comer a la niña."* (Marcos 5:43 RVR 1960)

En cierta ocasión *"se le acercó un maestro de la ley y le dijo: — Maestro, te seguiré a dondequiera que vayas. —Las zorras tienen madrigueras y las aves tienen nidos —le respondió Jesús—, pero el Hijo del hombre no tiene dónde recostar la cabeza."* (Mateo 8:19, 20 NVI). Acerca de este incidente Michael Wilkins en su comentario sobre el libro de Mateo señala:

"…este hombre tiene en mente el tipo de relación maestro-discípulo, en la que el discípulo potencial examina a varios maestros para después inscribirse con el más popular o el más preparado. Los rabinos disfrutaban de una posición relativamente alta dentro del Judaísmo, pero Jesús no tenía escuela ni sinagoga, ni un lugar prestigioso entre las autoridades religiosas. La expresión 'no tiene dónde recostar la cabeza' indica que su ministerio no resultaría en un centro institucional con beneficios cómodos, y que esa sería también la suerte de quienes lo siguieran".[24]

Esto que dijo Jesús a este hombre, también lo dice a todos los que hoy pretenden servirle albergando la esperanza de satisfacer sus expectativas personales, profesionales y sociales en el ministerio cristiano. Con esto, nuestro maestro Jesucristo envió la clara señal de que no tenía entre sus aspiraciones la demostración de

---

[24] Michael J. Wilkins, *MATEO - Comentario Bíblico NVI con Aplicación Contemporánea* (Miami, FL: Editorial Vida, 2016).

comodidades ni posesiones, y mucho menos la acumulación de bienes materiales; por consiguiente no podía garantizar esas cosas a ninguna persona que decidiera seguirle o que él mismo llamare a ser su discípulo o ministro.

El evangelista Marcos escribió: *"Y llamando a la gente y a sus discípulos, les dijo: Si alguno quiere venir en pos de mí, niéguese a sí mismo, tome su cruz, y sígame."* (Marcos 8:34 RVR 1960). Esto acentúa el énfasis de que quienes anhelan ser ministros de Jesucristo deberán renunciar a (o desprenderse de) lo que creen que les pertenece o merecen y cambiarlo todo por una cruz; así como Jesucristo se despojó a sí mismo, tomó la forma de un siervo y se hizo obediente hasta la cruz y lo que ella implicaba. ¡Menos que eso no pide el Señor a sus ministros! Un líder cristiano que está cargando su cruz no tiene aspecto de dignatario ni de celebridad sino que se parece más a un mártir que va camino a la inmolación o a una oveja que va para el matadero (Romanos 8:36).

Ser como Jesucristo es el estándar de Dios para el liderazgo. Así lo declaró él mismo cuando dijo: *"El discípulo no es superior a su maestro; mas todo el que fuere perfeccionado, será como su maestro".* (Lucas 6:40 RVR 1960). Todo líder cristiano auténtico hace lo necesario para mantener un perfil discreto como lo hizo su Maestro.

SELAH...

Al cierre de este capítulo, eleva nuevamente tu corazón al Señor y ríndete a la ministración de su Espíritu.

La Palabra del Señor te confirma que eres un hijo o hija del Rey Eterno, y por ello, heredero de Dios y coheredero con Cristo. Sin embargo eso no lo debes estimar como algo a lo cual estar aferrado. Como ministro de Jesucristo estás llamado a vivir como si no fueras poseedor de esa nueva condición y como si no poseyeras algo (ver 2 Corintios 6:10).

Si quieres ser agradable al Señor con tu liderazgo, es necesario que asumas el auto-desprendimiento, que aceptes que no eres un súper humano sino un mortal viviendo entre mortales, por lo que debes evitar la arrogancia y la ostentación y vivir sometido al cumplimiento de la voluntad y propósito del Padre en tu vida y en tu ministerio (ver Filipenses 2:5-8).

Prepárate ahora para adentrarte en el siguiente capítulo, donde podrás comprender en su justa dimensión el supremo llamamiento con que Dios te ha distinguido al escogerte como su siervo/a y colaborador/a.

Capítulo 3

EL SUPREMO LLAMAMIENTO DEL SEÑOR

"Sé diligente en conocer el estado de tus ovejas, y mira con cuidado por tus rebaños." (Proverbios 27:23 RVR 1960)

En el capítulo anterior establecimos que fue intención del Dios Eterno mostrar en su Ungido un estilo de liderazgo consistente con el Suyo y una vida frugal totalmente dependiente de Él. En vez de nacer en un palacio, vivir, comer, vestir y ser atendido como un rey, el gran YO SOY se encarnó en una familia modesta, nació en un establo, aprendió un oficio para ayudar a su familia a subsistir y en su condición de Maestro rechazó los privilegios y la búsqueda de prestigio social, totalmente contrapuesto a sus colegas rabinos. En el presente capítulo exploraremos en detalle el privilegio que como líderes tenemos de ser recipientes del supremo llamamiento de Dios para su servicio exclusivo.

Los ministros cristianos de todos los tiempos han sido llamados a ser siervos del Dios Eterno bajo los mismos "términos y condiciones"[25] que sirvió Jesucristo. No hay evidencias bíblicas para

---

[25] *"Son cláusulas redactadas para utilizarlas en todos los contratos que se vayan a realizar con clientes, consumidores o usuarios, sin posibilidad de que éstos las negocien o modifiquen, previendo todos los aspectos de la relación entre las partes"* Alfaro Águila-Real, *Las Condiciones Generales de la Contratación* (Madrid: Civitas, 1991).

afirmar que hayamos sido llamados al ministerio bajo condiciones diferentes. Jesús dijo a sus discípulos: *"Como el Padre me envió, así también yo os envío."* (Juan 20:21 RVR 1960). Mientras oraba por ellos, dijo a su Padre: *"Como tú me enviaste al mundo, yo también los he enviado al mundo."* (Juan 17:18 RVR 1960) Luego de su resurrección Jesucristo tuvo una charla íntima con el apóstol Pedro. En ésta, el Maestro lo confrontó con tres reiteradas preguntas, a los fines de traerle claridad sobre el tipo de amor con que el Dios Eterno debía ser amado por éste para perseverar en el cumplimiento de la misión que le sería encargada en la tierra. Este hombre necesitaba entender que la demanda de Jesucristo a sus servidores es un amor superior, más elevado que el afecto y el cariño, capaz de mover al ser humano a la entrega sin reserva y al sacrificio. Ya Jesús lo había dicho unas semanas antes de su muerte: *"Nadie tiene mayor amor que este, que uno ponga su vida por sus amigos."* (Juan 15:13RVR1960)

En su plática, el Maestro dejó claro a Simón cuál tipo de amor era necesario tener por Él para poder atender con eficacia las necesidades integrales de sus corderos y ovejas. Jesús sabía que los creyentes serían susceptibles de cometer faltas que podrían llevar a cualquier pastor o líder a disminuir el nivel de su amor, por eso le insistió tres veces a Pedro: *"¿Me Amas?"*. El hecho de que el amor fuera tenido a Jesucristo aseguraría que, aunque el amor que se sintiera por las ovejas flaqueare, el bienestar de las mismas nunca estaría en riesgo, pues el que las estuviere cuidando estaría siendo movido por el amor que tiene al Dueño del rebaño y no por el fluctuante comportamiento de las ovejas.

En otras palabras, Jesús le estaba diciendo a Pedro: *"Mis corderos y ovejas tendrán necesidades que solamente las podrá atender una persona que ame de tal manera al Dueño de ellas, que sea capaz de entregarse a esa encomienda de una manera sacrificial y diligente"*. A Pedro le fue aclarado que para ser hallado fiel en esta tarea, necesitaba enfocarse sólo en Jesucristo y en el amor que tenía por Él. También le fue esclarecido que, sobre la base de ése amor por el Maestro, atender los corderos y las ovejas del Señor no le resultaría algo gravoso sino, más bien, le sería causa de mucho gozo. Un amor supremo fue el que Jesucristo mostró por la humanidad.

El escritor a los hebreos lo reafirma diciéndonos: *"puestos los ojos en Jesús, el autor y consumador de la fe, el cual por el gozo puesto delante de él sufrió la cruz, menospreciando el oprobio, y se sentó a la diestra del trono de Dios."* (Hebreos 12:2 RVR 1960). A sabiendas de las implicaciones, Jesús mismo dijo: *"Mi yugo es fácil, ligera mi carga."* (Mateo 11:30 RVR 1960). Esto quiere decir que el amor que tengamos por el Maestro será un factor determinante para facilitar el trabajo ministerial y aligerar la carga que pudiera implicar su solemne encomienda y llamamiento.

Podrá ser fácil apacentar y pastorear los corderos y las ovejas mientras están en lugares seguros. Los rediles o apriscos eran entornos sin riesgos, donde estos animales eran llevados para que pudieran dormir, descansar, resguardarse de los depredadores nocturnos y guarecerse del frío y la lluvia. Un redil tenía, por lo regular, una sola puerta y en tal contexto la labor del pastor se reducía a vigilar la entrada del mismo, lo cual hasta un asalariado podía hacer. Obviamente no se necesitaba tener un motivo supremo para ser un "portero" del redil de las ovejas.

Vale preguntarnos ahora: ¿Qué se le estaba en realidad encomendando a Pedro? Todo líder cristiano debe comprender que lo que Jesús estaba encargando a Pedro era una tarea que, realizarla dentro del aprisco, carecía de sentido. Precisamos entender que donde las ovejas necesitan ser apacentadas y pastoreadas es en el campo abierto (el mundo), donde están expuestas a todo tipo de peligro. Es allí donde se hace necesaria la compañía de un pastor que las guíe, alimente, cuide y discipline. Dios no nos ha llamado a pastorear las ovejas sólo en los templos, sino también en todos los contextos donde desarrollan su vida.

¿Qué tan lejos nos hemos apartado de esta intención original del Padre Celestial? Pastorear y apacentar las ovejas y corderos de Jesucristo (su pueblo) es un ministerio solemne que el Dios Eterno decidió delegar a creyentes que tengan un amor supremo por Él. Sus preguntas a Pedro se reiteran con insistencia a cada uno de nosotros hoy: *¿Me amas? ¿Me amas? ¿Me amas?*

El celo del Señor por sus ovejas

El profeta Ezequiel registró las palabras del Señor (Adonai) cuando éste reprendió a los pastores de Israel por haber desvirtuado el supremo llamamiento y haberse desviado del oficio que les había encargado de apacentar a su pueblo. He aquí sus palabras:

[2]«Hijo de hombre, profetiza contra los pastores de Israel; profetiza, y diles que yo, su Señor y Dios, he dicho: "¡Ay de ustedes, los pastores de Israel, que sólo cuidan de sí mismos! ¿Acaso no son los pastores los que deben cuidar de los rebaños? [3]Ustedes se comen lo mejor, se visten con la lana, degüellan a las ovejas más engordadas, pero no cuidan de las ovejas. [4]Ustedes no fortalecen a las ovejas débiles, ni curan a las enfermas, no vendan las heridas de las que se quiebran una pata, ni regresan las descarriadas al redil; tampoco van en busca de las que se pierden, sino que las manejan con dureza y violencia.

[5]Y las ovejas andan errantes por falta de pastor; andan dispersas y son fácil presa de todas las fieras del campo. [6]Y así, mis ovejas andan perdidas por todos los montes y por todas las colinas. Andan esparcidas por toda la tierra, sin que nadie las busque ni pregunte por ellas."» [7]Por lo tanto, pastores, oigan la palabra del Señor: [8]«A las ovejas de mi rebaño se las roban, las hacen presa de todas las fieras del campo. Andan sin pastor, y mis pastores no las cuidan ni van en busca de ellas, sino que sólo cuidan de sí mismos. Por lo tanto yo, su Señor y Dios, juro, [9]y ustedes, pastores, escuchen bien lo que les digo: [10]"Yo, su Señor y Dios, estoy en contra de ustedes, los pastores, y voy a pedirles cuentas de mis ovejas. Ya no voy a dejarlas al cuidado de ustedes, ni tampoco

JUAN TOMÁS HIRALDO C.

ustedes van a cuidar sólo de sí mismos; yo voy a librarlas de la boca de ustedes, para que no se las sigan comiendo"» (Ezequiel 34:2-10 RVC).

No disponemos del espacio aquí para hacer un análisis completo de estas palabras de amonestación, por demás cargadas de mucha decepción, sin embargo podemos destacar al menos cuatro características que distinguen a los verdaderos pastores de las ovejas del Señor:

1. No se cuidan a sí mismos sino a las ovejas. Se ocupan de ellas, no de su propia seguridad o comodidad.
2. Su prioridad es cuidar a las ovejas y no aprovecharse de ellas o sacarles ventajas personales, expresadas en metáforas como *"beber su leche"*, *"vestirse con su lana"*, y *"sacrificar las más gordas"* para el beneficio propio.
3. No se enseñorean de las ovejas, sino que fortalecen a la débil, cuidan de la enferma, curan a la herida; van tras la descarriada y buscan a la perdida, y a todas las tratan con amor y amabilidad.
4. Alimentan las ovejas donde están los mejores pastos y donde las corrientes de aguas no representan peligro alguno para ellas; las resguardan y las llevan a descansar en lugares seguros, donde los riesgos están minimizados.

Cuando hombres de Dios que tienen integridad espiritual, moral y de carácter están al frente de los rebaños del Señor, las ovejas sienten que no están solas, que tienen pastor. Con pastores como éstos es muy difícil que sean dispersadas o que estén a la merced de las fieras salvajes (los falsos pastores y maestros) y de la comida peligrosa (las falsas enseñanzas y doctrinas). Si se descarrían pueden estar seguras que alguien se preocupará por buscarlas hasta encontrarlas. Con pastores con estas características, las ovejas sienten como si el mismo Señor Jesucristo las estuviera pastoreando (compárese Juan 10:11). Estas son características que distinguen a los líderes espirituales auténticos en sus funciones como pastores de los rebaños del Señor. Para todo el que es pastor o anhela obispado, éste es su filtro y a la vez su espejo. Es imperioso formar una generación de líderes que desarrollen estas características. Esto sólo será posible si los líderes del presente somos intencionales en hacer nuestra parte para que esto ocurra, siendo modelos para nuestra generación, pues lo que sea visto en nosotros es lo que nuestros condiscípulos van a reproducir en mayor o menor escala. En psicología Social esto se conoce como Aprendizaje Vicario[26]. El profeta Oseas hace referencia a ello cuando dijo: *"Y será el pueblo como el Sacerdote."* (Oseas 4:9a RVR 1960). En Psicología del Aprendizaje se conoce como aprendizaje por observación o por imitación. *"Este aprendizaje se basa en procesos imitativos cognitivos de un sujeto que aprende con un modelo, y está referido al cambio en la conducta de manera relativamente permanente como producto de la observación del comportamiento de otro"[27].*

Al aplicar el texto de Oseas a las iglesias de hoy, el pastor John MacArthur plantea lo siguiente:

"El pueblo imita el ejemplo de los líderes espirituales. Quizá eso explica el estado patético de La Iglesia contemporánea. Muchos de los líderes religiosos más conocidos y visibles fallan por completo en dar la talla bíblica que corresponde a los pastores. Todo líder que sigue su propio modelo está destinado a fracasar. Están construyendo con un juego de planos erróneo, y están confundiendo a las ovejas. Las iglesias pueden superar casi cada clase de problema excepto el fracaso en el liderazgo. Necesitamos

---

[26] Concepto propuesto por el psicólogo canadiense Albert Bandura en su *Teoría del Aprendizaje Social* en 1977.

[27] Linda L. Davidoff, *Introducción a la Psicología* (México: McGraw-Hill, 1989).

JUAN TOMÁS HIRALDO C.

un curso bíblico renovador para los líderes espirituales, y examinar de nuevo con atención el plan maestro del Arquitecto".[28]

Todos sabemos que las ovejas ponen su vista en los líderes porque están ávidas de aprender, de comer y beber lo que Dios les manda a través de ellos. El Señor nos puso sobre ellas para que las guiemos, alimentemos, cuidemos, consolemos, corrijamos y protejamos; pero sobre todo, nos puso para que seamos sus referentes y modelos más cercanos de cómo llegar a ser como Cristo. El autor del libro escrito a los hebreos, al final de su carta, exhortó a los creyentes diciéndoles: *"Acordaos de vuestros pastores, que os hablaron la palabra del Señor; considerad cuál haya sido el resultado de su conducta, e imitad su fe."* (Hebreos 13:7 RVR 1960). El apóstol Pablo fue un promotor del aprendizaje vicario cuando decía a los creyentes: *"Sed imitadores de mí, así como yo de Cristo."* (1 Corintios 11:1 RVR 1960). Los ojos de las ovejas están sobre nosotros. Ellas nos observan, escudriñan nuestras conductas y comportamiento buscando encontrar ejemplos vivientes que las inspiren y las ayuden acercarse más a Jesucristo. No seremos tomados por inocentes si les extraviamos el camino o les hacemos tropezar (ver Mateo 18:6 y Marcos 9:42). ¡Esto es para temblar, arrepentirnos, pedir misericordia y cambiar!

El bienestar de las ovejas es de primordial interés

En su carta a los filipenses, el apóstol Pablo dejó entrever lo decepcionado que se sentía por la pérdida de perspectiva espiritual que mostraban muchos de sus colegas de ministerio: *"A nadie más tengo del mismo sentir mío y que esté sinceramente interesado en vuestro bienestar. Porque todos buscan sus propios intereses, no los de Cristo Jesús."* (Filipenses 2:20, 21 LBLA). Es triste ver como esto se repite en nuestros días. Muchos líderes cristianos se han recluido

---

[28] John Mac Arthur, *El Plan del Señor para la Iglesia* (Grand Rapids, Michigan: Editorial Portavoz, 2014).

en una burbuja espiritual y empotrado sobre un pedestal desde el cual lo más que hacen es mirar de lejos a las ovejas; no son diligentes en pasar tiempo con ellas y no muestran un genuino interés por atender sus múltiples necesidades. Tampoco pierden el sueño por las que están perdidas ni por las que aún faltan por llegar al redil.

Lo que ellos llaman *"sus iglesias"* parece ser únicamente engranajes de personas, procesos y sistemas que les sirven para edificar reinos y corporaciones ministeriales. Igual de triste es saber que los recursos económicos y espirituales provistos por Dios a través de siervas y siervos sinceros son utilizados para sostener su infausto derrotero, al tiempo que *"la lana de las ovejas y los corderos"* que fueron comprados con la sangre de Cristo, les sirve para tapizar las pasarelas congregacionales en que han convertido sus ministerios, donde cada quien está enfocado en exhibir lo que tiene y en buscar lo que es de su propio interés. ¡El Señor tenga misericordia de nosotros y haga fructificar en nuestros corazones Su primordial interés, que es el bienestar integral de los creyentes que Él ha puesto bajo nuestro cuidado!

Lo que cuesta responder al supremo llamamiento de Dios

Ser discípulo de Jesucristo tiene un alto costo. El mismo Maestro dijo a los que pretendían seguirle: *"El que no toma su cruz y sigue en pos de mí, no es digno de mí."* (Mateo 10:38 RVR 1960). Esta es una de las declaraciones más concluyentes y desafiantes pronunciadas por Jesús durante su ministerio. Es una solemne amonestación frente a la que, todos sus seguidores, debemos temblar. Con estas palabras Jesús dejó claramente establecido quién es digno de ser llamado su discípulo y cómo se identifica a un verdadero seguidor suyo. Sobre "cargar la cruz", Segundo Galilea comenta: *"No basta cargar la cruz ni no se carga como la cargó Cristo; cargar la cruz no es una aceptación estoica*[29] *sino la actitud de llevar hasta el extremo el compromiso. Con su muerte, Cristo nos enseñó a cargar la cruz, amando a los suyos hasta el sacrificio (Juan 13:1); nuestra cruz es un signo y una fuente de amor y entrega*[30].

Aquellos que toman su cruz y van tras Él siguiendo sus pasos, son los únicos que pueden proclamarse *"seguidores"* de Jesucristo. Está claro que la cruz a la que se refiere Jesús no es la suya, sino la propia cruz de cada uno de los que pretenden seguirle. Ser hallado digno de tener a Jesucristo como maestro, se fundamenta en el cumplimiento de dos demandas: 1) tomar la propia cruz, y 2) seguir la vía que el Maestro caminó, andando en sus pasos.

Aunque sean parecidas, la cruz de cada líder cristiano es distinta en cuanto a peso y tamaño. Pero el camino que marcó Jesucristo con su andar es uno solo, aunque son muchos los pasos que debemos dar para agradar al Padre y obedecer su Palabra en todas las dimensiones de nuestras vidas. El apóstol Pedro al exhortar a los creyentes sobre cómo deben vivir los seguidores de Jesucristo, habla del precio a pagar y de los padecimientos que hay que sufrir y soportar por *"causa del Señor"* y los anima a no temer diciéndoles que *"también Jesucristo padeció por nosotros, dejándonos ejemplo, para que sigamos sus pisadas."* (1 Pedro 2:11-25 RVR 1960)

El apóstol Pablo advirtió a Timoteo diciéndole: *"Serán perseguidos todos los que quieran llevar una vida piadosa en Cristo Jesús."* (2 Timoteo 3:12 NVI). A todos los que quieren seguir a Jesucristo así como a todos los que Él llama al ministerio les pide que dejen todo, que no se apeguen a nada y que no amen nada en mayor proporción que a Él. Esto incluye la vida, las posesiones, los familiares y cualquier

---

[29] El estoicismo fue un movimiento filosófico fundado por Zenón en el 301 a. C. Su doctrina estaba basada en valerse de la virtud y la razón para el dominio y control de las cosas y pasiones que perturban la vida. Su objeto era alcanzar la felicidad y la sabiduría prescindiendo de los bienes materiales. Marcelo Boeri, Los Estoicos Antiguos (Santiago: Editorial Universitaria, 2004).

[30] Segundo Galilea, El Camino de la Espiritualidad (Santa Fe de Bogotá: Editora San Pablo, 1997). 199-202.

otro asunto de similar valor (ver Mateo 10:37). Él mismo compara el cumplimiento de estas demandas con tomar una cruz y cargarla mientras se camina sobre sus pasos (ver Lucas 14:25-27). Una cruz no es algo liviano y fácil de llevar, no es un símbolo de comodidad sino de sacrificio diario. Esto lo aprendemos al repasar las hojas de vida ministerial tanto de los once apóstoles como la del apóstol Pablo y sus colaboradores. A todos ellos, sin excepción, seguir a Jesucristo les costó todo; a la mayoría, la vida. Por el precio que pagaron, todos estos siervos fueron hallados dignos de llamar a Jesucristo su Maestro. Sobre esto mismo, Dietrich Bonhoeffer escribió: *"Jesús dejó claro, sin lugar a dudas, que el sufrimiento no implicaba para sus discípulos menos que lo que implicó para sí mismo. Ser discípulo de Jesús significa adherirse a su persona, y por lo tanto someterse a la ley de Cristo que es la ley de la cruz"*.[31]

Muchos se hacen la pregunta: ¿No son todos los líderes espirituales de este tiempo verdaderos seguidores de Jesucristo? Aunque los líderes apócrifos son delatados por sus frutos, Jesús dijo que debían ser dejados crecer juntos porque en el día final se sabrá quién es trigo (verdadero seguidor de Jesucristo) o cizaña (religioso que dice seguir a Jesucristo). Jesús fue categórico al declarar:

"No todo el que me dice: Señor, Señor, entrará en el reino de los cielos: sino el que hiciere la voluntad de mi Padre que está en los cielos. Muchos me dirán en aquel día: Señor, Señor, ¿no profetizamos en tu nombre, y en tu nombre echamos fuera demonios, y en tu nombre hicimos muchos milagros? Y entonces les protestaré: Nunca os conocí; apartaos de mí, obradores de maldad" (Mateo 7:21-23 RVA).

¿No son estas palabras para temblar? El llamado es para todos los creyentes en general, pero especialmente para los que tienen posiciones de liderazgo en las iglesias, quienes deben enseñar y

---

[31] Dietrich Bonhoeffer, *The Cost of Discipleship* (Nueva York: SCM Press Ltd, 1959 y Touchstone Edition, 1995).

modelar a los creyentes cómo se paga el costo del discipulado. El apóstol Pablo fue un discípulo que llevó su cruz y supo ser como su Maestro, ganándose el mérito de poder ser puesto como ejemplo a imitar. Él escribió: *"yo como perito arquitecto puse el fundamento, y otro edifica encima; cada uno mire cómo sobreedifica."* (1 Corintios 3:10 RVR 1960)

Será sólo por las misericordias del Señor y en el poder de su fuerza que podremos responder como Pablo al supremo llamamiento de Dios. Así evitaremos auto-reducirnos a ser únicamente *porteros del redil* o persecutores de éxito ministerial. Sólo si mantenemos firmes, sin fluctuar nuestra vocación podremos apacentar y pastorear con eficacia los corderos y ovejas del Señor, contribuyendo a la unidad, crecimiento y edificación del cuerpo de Cristo (ver Efesios 11:15, 16).

SELAH...

Al cierre de este capítulo, eleva nuevamente tu corazón al Señor y ríndete a la ministración de su Espíritu.

Responde para ti mismo la siguiente pregunta: ¿Cuánto me está costando hoy responder al supremo llamamiento que Dios me hizo en Jesucristo: poco, mucho, o todo? Si no te está costando todo, es probable que no estés pagando el **precio real** para poder ser calificado como un auténtico discípulo de Jesucristo. Si es así, puedes estar en riesgo de no ser considerado por el Padre como digno de ser su colaborador y tener a Jesucristo como Maestro y Señor.

Recuerda que seguir el camino trazado por el Padre le costó a Jesucristo todo: gloria, trono, riquezas, bienestar, comodidades, posesiones, y finalmente su vida. A sus ministros no nos puede costar menos (ver Lucas 14:26; Hechos 20:24; y Filipenses 3:8).

Prepárate ahora para adentrarte en el próximo capítulo donde podrás entender por qué los siervos de Jesucristo no pueden utilizar su llamado y ministerio para aquilatar su imagen propia, ni aprovecharse de la piedad para vivir de ella, considerándola una fuente de ganancia.

Capítulo 4

LA PIEDAD COMO FUENTE DE GANANCIA

"...no les seré una carga, pues no me interesa lo que ustedes tienen sino lo que ustedes son." (2 Corintios 12:14 NVI)

En el capítulo anterior establecimos que el Dios Eterno llama a sus ministros a servir bajo los mismos términos y condiciones que sirvió Jesucristo, creando Él mismo los escenarios para que sean prescindibles las capacidades y la suficiencia humanas en el cumplimiento de Su obra. Los siervos del Señor no tenemos otra opción que acogernos al abandono absoluto en Su gracia para mantenernos en la dimensión de la total dependencia en Él mientras cumplimos el supremo llamamiento de Dios. En el presente capítulo reflexionaremos acerca de cómo el Dios que llama se hace responsable de sustentar a sus ministros, y sobre lo que es necesario hacer para mantenernos alejados de la tentación de atender el llamado de Dios por motivaciones espurias y no por amor de Su nombre.

En todas Las Escrituras, nuestro Dios se ha mostrado como un Dios de orden, siempre coherente, que no propicia la confusión entre su pueblo. Expresiones como: *"En tu libro estaban escritas todas aquellas cosas que fueron luego formadas, sin faltar una de ellas."* (Salmo 139:16 RVR 1960); y *"¿No se venden cinco pajarillos por dos cuartos? Con todo, ni uno de ellos está olvidado delante del Señor. Pues aún los cabellos de vuestra cabeza están todos contados."* (Lucas 12:6, 7 RVR 1960) nos enseñan que Él es un Dios perfecto, fiel, que presta atención a los detalles y que nada escapa a su control. Esto es parte de su carácter, de su omnipotencia y de su magnificencia en santidad.

Cuando el Señor[32] encargó el sacerdocio a Aarón y sus hijos, con relación a su fuente de sostenimiento, les dijo: *"De la tierra de ellos no tendrás heredad, ni entre ellos tendrás parte. Yo soy tu parte y tu heredad en medio de los hijos de Israel."* (Números 18:20 RVR 1960). Asimismo, sobre la fuente de sostenimiento de los Levitas le dijo: *"He aquí yo he dado a los hijos de Leví todos los diezmos en Israel por heredad, por su ministerio, por cuanto ellos sirven en el ministerio del tabernáculo de reunión."* (Números 18:21 RVR 1960). Dios programó todo lo necesario para que los Sacerdotes y Levitas no tuvieran que preocuparse por su sostenimiento como servidores del Señor a tiempo completo, porque ellos serían dependientes directos de El Eterno.

De esta manera de actuar de nuestro Padre Celestial podemos derivar un principio que es aplicable a todos los casos de los hombres y mujeres que Él llama al ministerio: *"El Eterno es el sustentador de sus ministros, y utiliza su pueblo para esos fines."* En el Nuevo Testamento, encontramos al apóstol Pablo resaltando este principio en textos como:

a) *"Los ancianos que gobiernan bien, sean tenidos por dignos de doble honor, mayormente los que trabajan en predicar y enseñar. Pues la Escritura dice: No pondrás bozal al buey que trilla; y: Digno es el obrero de su salario."* (1 Timoteo 5:17, 18 RVR 1960)

---

[32] *"En plena era cristiana, los eruditos judíos conocidos como masoretas acompañaron el texto consonantal YHVH con los puntos vocálicos de Adonay (Señor). La intención era comunicar al lector que, aunque estuvieran presentes las consonantes del nombre sacrosanto del Señor, este no debía pronunciarse, sino que en su lugar se pronunciaría el equivalente hebreo de Señor, es decir Adonay".* Luciano Jaramillo Cárdenas, Fidelidad, Integridad – En busca del mejor texto de las Escrituras (Miami, FL: SBI/Editorial Vida, 2001).

b) *"El que es enseñado en la palabra, haga partícipe de toda cosa buena al que lo instruye."* (Gálatas 6:6 RVR 1960)

c) *"Porque si los gentiles han sido hechos participantes de sus bienes espirituales, deben también ellos ministrarles de los materiales."* (Romanos 15:27 RVR 1960)

Los ministros del Señor que sirven a tiempo completo están llamados a esperar en Dios y depender de Él para todas las cosas, especialmente en lo relacionado a su sostenimiento material. Cuando tuvieren necesidades, no deben recurrir al pueblo, ni regañarles por faltas o descuido en cuanto a esto, ni lanzarles indirectas desde los púlpitos. Tampoco deben usar Las Escrituras para manipular sus conciencias de modo que den bajo presión. Por el contrario, deben acudir al que los llamó y les prometió ser su sustentador. Sin embargo, es la intención del Señor que su pueblo se preocupe por cuidar de los siervos y siervas que están dedicados a la obra del Señor a tiempo completo. Así lo dijo a los israelitas: *"Ten cuidado de no desamparar al levita en todos tus días sobre la tierra."* (Deuteronomio 12:19 RVR 1960)

Aunque los pastores, líderes y ministros a tiempo completo tienen el derecho a ser sostenidos por las congregaciones donde han sido llamados servir, no deben abusar de este derecho, ni reclamarles su sostenimiento ni hacer exigencia alguna sobre ello o ponerlo como condicionante para hacer el trabajo encomendado por el Señor. El apóstol Pablo se refirió a esto cuando escribió: *"Si otros participan de este derecho sobre vosotros, ¿cuánto más nosotros? Pero no hemos usado de este derecho, sino que lo soportamos todo, por no poner ningún obstáculo al evangelio de Cristo." "¿Cuál, pues, es mi galardón? Que predicando el evangelio, presente gratuitamente el evangelio de Cristo, para no abusar de mi derecho en el evangelio."* (1 Corintios 9:12, 18 RVR 1960)

La raíz de todos los males

Como también en las iglesias cristianas el amor al dinero puede convertirse en raíz de muchos males[33], Pablo advirtió a los ministros de Jesucristo que debían cuidarse de:

a) **Tener la piedad como fuente de ganancia.**
Un líder cristiano que imita a Jesucristo no aprovecha el ministerio como plataforma para la movilidad social y el lucro. Los líderes que quieren agradar a Dios deben apartarse de aquellos que toman el ministerio como fuente de ganancia material o de cualquier otro tipo. *"...hombres corruptos de entendimiento y privados de la verdad, que toman la piedad como fuente de ganancia; apártate de los tales."* (1 Timoteo 6:5 RVR 1960)

b) **Codiciar los bienes y posesiones de los creyentes.**
Existen en todo el mundo muchas iglesias que tienen miembros adinerados y familias que viven en condiciones de clase Alta y Media-Alta. Los líderes que imitan a Jesucristo no deben desear lo que éstos poseen ni anhelar tener su nivel de vida. Tampoco deben arrimarse a ellos para conseguir impacto económico colateral. *"Ni plata ni oro ni vestido de nadie he codiciado. Antes vosotros sabéis que para lo que me ha sido necesario a mí y a los que están conmigo, estas manos me han servido."* (Hechos 20:33, 34 RVR 1960)

c) **La avaricia[34] del dinero.**
Sólo un líder que sea avaro cae en la trampa de las ganancias deshonestas. El apóstol Pablo tipifica la avaricia como una modalidad de idolatría (ver Colosenses 3:5). Sobre esto advirtió a Timoteo diciéndole: *"Y si tenemos qué comer y*

---

[33] *"Porque raíz de todos los males es el amor al dinero."* (1 Timoteo 6:10 RVR 1960)
[34] La avaricia o codicia es el deseo vehemente de adquirir alguna cosa; es una forma grosera del egoísmo. W.W. Rand, *Diccionario de la Santa Biblia* (Miami, FL: Editorial Caribe).

con qué cubrirnos, con eso estaremos contentos. Pero los que quieren enriquecerse caen en tentación y lazo y en muchos deseos necios y dañosos que hunden a los hombres en la ruina y en la perdición. Porque la raíz de todos los males es el amor al dinero, por el cual, codiciándolo algunos, se extraviaron de la fe y se torturaron con muchos dolores." (1 Timoteo 6:8-10 LBLA). Entre las cualidades necesarias para elegir a los líderes, Pablo incluyó: "*...no codicioso de ganancias deshonestas,..., no avaro;*" (1 Timoteo 3:3, 8 RVR 1960; compárese Tito 1:7). El autor a los hebreos exhortó a los creyentes diciendo: "*Manténganse libres del amor al dinero, y conténtense con lo que tienen, porque Dios ha dicho: «Nunca te dejaré; jamás te abandonaré.»*" (Hebreos 13:5 NVI)

d) **Agraviar, corromper o engañar a los creyentes.**
Defendiendo su apostolado frente a los corintios el apóstol Pablo protestó diciéndoles "*...a nadie hemos agraviado, a nadie hemos corrompido, a nadie hemos engañado*" (2 Corintios 7:2 RVR 1960). En este texto empleó tres verbos que implican conductas negativas que todos los líderes cristianos debemos rechazar. Veamos con detalles cada uno de ellos:

Agraviar – El verbo usado en el idioma que se escribió este texto "*denota hacer injusticia, maltratar o hacer daño a alguien; ser injusto*"[35]. Un líder que imita a Cristo debe cuidarse de no causar agravio o daño a las personas, especialmente a sus consiervos y ovejas, ya sea mediante actitudes, palabras o acciones directas o indirectas.

Corromper – El verbo original denota el ser mala influencia mediante conductas y prácticas poco honrosas[36]. Un líder cristiano debe cuidarse de hacer

---

[35] W. E. Vine, *Diccionario Expositivo de Palabras del Nuevo Testamento* (Barcelona: CLIE, 1984), 62.
[36] W. E. Vine, *Diccionario Expositivo*, 337.

ostensible una conducta que arrastre a un estado de corrupción la buena conducta de los creyentes sinceros. Como imitador de Cristo, Pablo podía decir sin arrogancia: *"...hemos renunciado a todo lo vergonzoso que se hace a escondidas; no actuamos con engaño ni torcemos la palabra del Señor. Al contrario, mediante la clara exposición de la verdad, nos recomendamos a toda conciencia humana en la presencia del Señor"* (2 Corintios 4:2 NVI).

Engañar – El verbo empleado por el autor denota despojar, defraudar, aprovecharse de, ser codicioso de algo que otros tienen y privar de lo propio a alguien[37]. Un líder cristiano que imita a Jesucristo debe cuidarse de aprovechar su condición de ministro para sacar ventaja personal de sus consiervos o de las ovejas. Debe evitar someterlos a cualquier tipo de explotación para el beneficio propio o el de su familia. Algunos líderes tienen deleites de sus concupiscencias[38] en los que quisieran invertir dinero. Sabiendo ellos que al Señor no le pueden hacer rogativas ni peticiones para adquirir tales cosas, terminan por obtenerlas de (o a través de) las ovejas mediante manejos poco éticos y tácticas manipulativas.

e) **Ser una carga onerosa[39] para La Iglesia.**
El apóstol Pablo fue enfático cuando escribió a los corintios y les dijo:

---

[37] W. E. Vine, *Diccionario Expositivo*, 391.

[38] *"Tales concupiscencias no son necesariamente ruines e inmorales; pueden ser de carácter refinado, pero son malas si son incoherentes con la voluntad de Dios"*. W. E. Vine, *Diccionario Expositivo*, 289.

[39] Este adjetivo tiene como sinónimos: gravosa, costosa, abusiva, excesiva.

"Cuando estuve entre ustedes y necesité algo, no fui una carga para nadie, ya que los hermanos que llegaron de Macedonia suplieron mis necesidades. He evitado serles una carga en cualquier sentido, y seguiré evitándolo"* (2 Corintios 11: 9 RVR 1960)

Los líderes y/o familias ministeriales que son sostenidos con los recursos del Altar por las iglesias donde ministran, **como imitadores de Jesucristo**, deben evitar la suntuosidad, el dispendio, las casas y vehículos lujosos, las vacaciones costosas, los hoteles y los restaurantes de lujo, así como los viajes en clase ejecutiva o en aviones privados. También deben evitar cualquier obsesión por indumentaria, zapatos, carteras, accesorios, prendas y aparatos electrónicos ostentosos. Los recursos del Altar no son para ser gastados en los deleites de los ministros sino para ser invertidos en los intereses del Reino de Dios. Aún después de haber sido sus compensaciones ministeriales depositadas en sus cuentas personales, los recursos provenientes del Altar siguen siendo *cosa santa*, pues al Señor han sido consagrados (Levítico 27:30) y deben ser administrados como tal.

Aun cuando los recursos económicos y las posesiones a las que tengan acceso los ministros sean el resultado de la alta posición social de su familia, o de una herencia o de las utilidades de sus empresas, los líderes y las familias ministeriales deben llevar un estilo de vida frugal, con tal de no poner tropiezo al evangelio de Cristo. Hoy los no creyentes dicen muchas cosas negativas de los pastores y ministros del evangelio. En muchas de ellas son injustos pero en muchas otras tienen razón. Es necesario que todo pastor o ministro *"...tenga buen testimonio de los de afuera, para que no caiga en descrédito y en lazo del diablo."* (1 Timoteo 3:7 RVR 1960)

Cuando los ministros del Señor se invierten en Su pueblo, a cargo de atender todas sus necesidades estará El Eterno, el dueño del oro y la plata. En el Sermón de la Montaña, el Maestro dijo a sus discípulos que de nada vale preocuparse, hasta llegar a estar ansiosos, por los asuntos que no son del Reino de Dios:

"²⁵ No se preocupen por su vida, qué comerán o beberán; ni por su cuerpo, cómo se vestirán. ¿No tiene la vida más valor que la comida, y el cuerpo más que la ropa? ²⁶ Fíjense en las aves del cielo: no siembran ni cosechan ni almacenan en graneros; sin embargo, el Padre celestial las alimenta. ¿No valen ustedes mucho más que ellas?²⁷ ¿Quién de ustedes, por mucho que se preocupe, puede añadir una sola hora al curso de su vida?²⁸ ¿Y por qué se preocupan por la ropa? Observen cómo crecen los lirios del campo. No trabajan ni hilan; ²⁹ sin embargo, les digo que ni siquiera Salomón, con todo su esplendor, se vestía como uno de ellos.

³⁰ Si así viste Dios a la hierba que hoy está en el campo y mañana es arrojada al horno, ¿no hará mucho más por ustedes, gente de poca fe? ³¹ Así que no se preocupen diciendo: "¿Qué comeremos?" o "¿Qué beberemos?" o "¿Con qué nos vestiremos?" ³² Porque los paganos andan tras todas estas cosas, y el Padre celestial sabe que ustedes las necesitan. ³³ Más bien, busquen primeramente el reino del Señor y su justicia, y todas estas cosas les serán añadidas."
(Mateo 6:25–33 NVI)

SELAH...

Al cierre de este capítulo, eleva nuevamente tu corazón al Señor y ríndete a la ministración de su Espíritu.

El Señor desea que como ministro o ministra al servicio de su pueblo, enfoques tu interés tanto en el Reino de Dios como en el bienestar integral de los creyentes. Asimismo, anhela que apartes tu vista de las cosas temporales y perecederas. Cada día debes inclinar tu corazón a la intención de agradar al Señor con tu dependencia absoluta en sus promesas. También debes incorporar como principios centrales de tu vida y ministerio las siguientes palabras del apóstol Pablo:

PARA CON EL SEÑOR – Serle agradable.

"Así que nos mantenemos confiados, y preferiríamos ausentarnos de este cuerpo y vivir junto al Señor. Por eso nos empeñamos en agradarle, ya sea que vivamos en nuestro cuerpo o que lo hayamos dejado. Porque es necesario que todos comparezcamos ante el tribunal de Cristo, para que cada uno reciba lo que le corresponda, según lo bueno o malo que haya hecho mientras vivió en el cuerpo." (2 Corintios 5:8–11 NVI)

PARA CON LOS CREYENTES – Estar interesados en lo que son, no en lo que tienen.

"No les seré una carga, pues no me interesa lo que ustedes tienen sino lo que ustedes son. Después de todo, no son los hijos los que deben ahorrar para los padres, sino los padres para los hijos. Así que de buena gana gastaré todo lo que tengo, y hasta yo mismo me desgastaré del todo por ustedes." (2 Corintios 12:14, 15 NVI)

Prepárate ahora para adentrarte en el siguiente capítulo, donde conocerás cómo establecer y conservar una perspectiva ministerial coherente, que sea agradable al Señor y favorezca el bienestar integral de los creyentes que han sido puestos bajo el cuidado tuyo y de tu equipo ministerial.

Capítulo 5

LIDERAZGO Y PERSPECTIVA MINISTERIAL

"Donde no hay visión, el pueblo se desenfrena..."
(Proverbios 29:18 LBLA)

En el capítulo anterior dejamos establecida la verdad de que los ministros de Jesucristo deben esperar en el Padre Eterno y depender de Él en todas las circunstancias, especialmente en lo relacionado a su sustento. Quien les llamó es el garante de su sostenimiento económico, físico, psico-emocional y socio-espiritual. Cuando se acercare la ansiedad por la atención de sus necesidades, deben recurrir al YO SOY proveedor y apelar a sus promesas. En el presente capítulo podrás comprender que para ser efectivos en el ministerio cristiano, los líderes deben establecer y conservar una perspectiva ministerial alineada con la principal Piedra del ángulo: Jesucristo.

En la palabra de Dios encontramos que Timoteo fue un joven ministro de Jesucristo con un carácter cristiano bien formado, de buen testimonio y con alto potencial para servir en la obra del Señor. Cuando el apóstol Pablo lo conoció, se cree que éste tenía entre 22 y 24 años de edad. Al advertir sus capacidades y competencias, puso sus ojos sobre él, lo adoptó como hijo en la fe, lo hizo compañero de ministerio y se convirtió en su mentor espiritual para ayudarle a desarrollar un pensamiento cristiano con perspectiva ministerial estratégica. El evangelista Lucas registró en el libro de los Hechos el encuentro de Pablo con Timoteo:

> *"Después llegó a Derbe[40] y a Listra; y he aquí, había allí cierto discípulo llamado Timoteo[41], hijo de una mujer judía creyente, pero de padre griego; y daban buen testimonio de él los hermanos que estaban en Listra y en Iconio. Quiso Pablo que éste fuese con él..."* (Hechos 16:1–3 RVR 1960)

William Barclay comenta lo siguiente sobre Timoteo como hijo de Pablo en la fe: *"Probablemente Pablo vio en Timoteo al sucesor para cuando él acabara su carrera; estando feliz por habérsele concedido ver el resultado de su labor como entrenador en uno que podía relevarle"[42]*. En su segundo viaje misionero, después de haber fundado la iglesia de Éfeso junto a Aquila y Priscila, Pablo se quedó allí cerca de dos años predicando la palabra del Señor, mostrando el poder de Jesucristo (ver Hechos 19:10, 11) y ayudando a formar y desarrollar el liderazgo de la Iglesia (ver Hechos 14:23). En su tercer viaje volvió a visitarles y se quedó allí tres años afirmando a los creyentes y *"amonestando con lágrimas"* a los líderes cristianos locales, y siendo un referente ministerial para cada uno de ellos (ver Hechos 20:31).

En Mileto[43], al despedirse de los líderes de la iglesia de Éfeso, Pablo les recuerda que como buen siervo de Jesucristo él había

---

[40] Derbe y Listra eran pequeñas poblaciones de la provincia Licaonia, en el Asia Menor (hoy Turquía). Licaonia hacía frontera con Galacia al norte y con Capadocia al este. W.W. Rand, *Diccionario de la Santa Biblia* (Miami, Florida: Editorial Caribe,) 173 y 38.

[41] El nombre Timoteo significa *"El que honra a Dios"*. W.W. Rand, *Diccionario de la Santa Biblia,* 691.

[42] William Barclay, *Comentario al Nuevo Testamento – Vol. 7, Los Hechos de los Apóstoles* (Barcelona: Editorial CLIE, 1994), 157.

[43] Antigua ciudad situada en la costa occidental del Asia menor (hoy ubicada en Turquía); lugar de nacimiento del filósofo, matemático, físico y legislador griego Thales; 623-546 a. C. W. W. Rand, *Diccionario de la Santa Biblia* (Miami, Florida: Editorial Caribe), 426.

invertido tiempo, energía y esfuerzos para enseñarles *"todo el consejo de Dios"*, de modo que se sentía liberado delante de Dios de toda responsabilidad para con ellos porque, además de haberles enseñado e instruido, les había dejado ejemplo sobre cómo un siervo de Jesucristo debe cumplir con integridad y seriedad su vocación (ver Hechos 20:25-31). En su encuentro, les advirtió sobre los peligros a que podrían verse expuestas las ovejas y la obra del Señor, después de su partida, por lo que debían permanecer fieles y vigilantes, tanto de la doctrina como de sus propias vidas como ministros, poniendo en práctica y reproduciendo lo que habían aprendido de Cristo en él.

Cuando en Apocalipsis 2:1-7 leemos el mensaje de Jesucristo a la iglesia en Éfeso y nos enteramos de su reproche por la pérdida del primer amor y el abandono de las primeras obras, se puede colegir que el Señor pudiera estar refiriéndose a aquéllos tiempos que vivieron bajo el liderazgo de Aquila, Priscila, Pablo y Timoteo. Esta iglesia parece haberse desviado de su rumbo original y parece haber perdido a tal grado su perspectiva ministerial, que el Príncipe de los Pastores y Dueño de la Iglesia tuvo que escribir personalmente a los líderes mandándoles a arrepentirse y a volver a retomar el rumbo que tenían al principio, porque si no, Él mismo vendría a ellos y los despojaría de su investidura como iglesia de Jesucristo[44].

Una iglesia está expuesta a perder el rumbo cuando sus líderes y ministros, habiendo perdido la perspectiva ministerial y toda sensibilidad a la voz del Capitán, se deslizan a buscar lo suyo propio y no lo que es de Cristo (ver 2 Timoteo 2:21) y comienzan a desenfocarse y a conducir la grey del Señor con visiones, métodos y prácticas que, poco a poco, los alejan del estándar de Dios y del propósito original del Padre. Cuando esto sucede, las iglesias están expuestas a convertirse en *"centros cristianos de entretenimiento espiritual"*, que se

---

[44] *"Recuerda, por tanto, de dónde has caído y arrepiéntete, y haz las obras que hiciste al principio; si no, vendré a ti y quitaré tu candelabro de su lugar, si no te arrepientes."* (Apocalipsis 2:5 LBLA)

hacen atractivos a multitudes de creyentes religiosos cuya prioridad no parece ser buscar el Reino de Dios ni comprometerse con él, sino practicar algunos ejercicios espirituales que les ayuden a mantener acalladas sus conciencias y, al mismo tiempo, desarrollar relaciones primarias que les permitan tocar puertas cuando se encuentren enfrentando situaciones agobiantes y necesidades extremas.

Las maquinaciones de un astuto enemigo

En la actualidad, muchos líderes parecen no estar prestándole suficiente atención a la patente realidad de que el ministerio cristiano tiene un adversario[45] muy astuto, cuya estrategia no parece ser evitar que proliferen las iglesias llamadas "cristianas" sino más bien que la verdadera Iglesia de Jesucristo se distraiga en el camino y que sus líderes se alejen del propósito de Dios, conformándose a los patrones del mundo. El apóstol Pablo describió a los efesios la naturaleza y la capacidad de daño del ejército que este adversario comanda, diciéndoles: *"La batalla que libramos no es contra gente de carne y hueso, sino contra principados y potestades, contra los que gobiernan las tinieblas de este mundo, contra huestes espirituales de maldad en las regiones celestes."* (Efesios 6:12 RVC)

Este adversario es un enemigo que está empeñado en hacer que los líderes de las iglesias se desenfoquen y pierdan la perspectiva, que procuren exaltarse a ellos mismos y a sus ministerios y no al Dios Eterno. Además que hagan la obra a su modo y no al modo de Jesucristo, que prediquen lo que la gente quiere oír y no lo que necesitan escuchar; y lo peor, les crea un temor al desplazamiento que les mata el interés de hacer lo necesario para que se descubran, levanten y desarrollen los líderes con los que se podrá asegurar la sucesión ministerial y la extensión del Reino de Dios en el territorio donde se encuentran comisionados.

---

[45] *"Sed de espíritu sobrio, estad alerta. Vuestro adversario, el diablo, anda al acecho como león rugiente, buscando a quien devorar."* (1 Pedro 5:8 LBLA)

En la actualidad, muchos líderes están ignorando las maquinaciones de ése enemigo y tal vez por esto, muchas iglesias se encuentran subsistiendo en un dramático estado de infructuosidad. No nos extrañemos si de algunas de ellas, *"el que tiene las siete estrellas*[46] *en su mano derecha"*, haya retirado ya sus candeleros. Nuestro Señor y Salvador nos llama a arrepentirnos y hacer las primeras obras, regresando al estándar de Dios para el liderazgo e impartiendo a la gente todo el consejo de Dios. Cuanto antes lo hagamos, menos sufrirá la Iglesia de Jesucristo. Es triste tener que admitir que, en nuestro tiempo, la Iglesia del Señor no sólo padece por el dolor que le infligen sus oponentes, sino también por los tropiezos y vergüenzas que le causan los líderes (ejecutivos y de primera línea) que este adversario ha logrado atrapar en su lazo (ver 1 Timoteo 3:7).

Los ministros de Jesucristo no debemos olvidar que en nuestras manos ha sido depositada la responsabilidad del cuidado de la vida espiritual de las ovejas del Señor. Para ilustrar esto, consideremos el siguiente caso de la vida real: La noche del trece de enero de dos mil doce, el barco de pasajeros Costa Concordia, en el que viajaban cuatro mil doscientas veintinueve personas, naufragó frente a las costas de la isla toscana del Giglio en Italia. En el suceso, treinta y dos personas murieron y sesenta y cuatro resultaron heridas. Se determinó que errores humanos fueron las causas fundamentales del fatídico accidente, cuando la embarcación se acercó imprudentemente a la costa, encallando y volcando hacia uno de sus costados. Esta fue una maniobra riesgosa que tuvo como único responsable al comandante de la nave, por lo que fue condenado a dieciséis años[47] de prisión por homicidio múltiple,

---

[46] *"…las siete estrellas son los ángeles de las siete iglesias, y los siete candelabros son las siete iglesias."* (Apocalipsis 1:20 RVR 1960)

[47] Esta condena le fue confirmada el 31 de mayo de 2016 por la Corte de Apelaciones de Florencia, Italia. Disponible en: (http://www.dw.com/es/confirman-condena-contra-capitán-del-costa-concordia/a-19296824).

abandono de la nave y negligencia. Otros cuatro miembros de su tripulación fueron condenados con penas menores.

Por la cantidad de vidas que tienen bajo su responsabilidad, ninguno de los oficios humanos son tan comparables como el ser piloto de un avión, comandante de una embarcación de cruceros o líder espiritual en una iglesia. En cualquiera de estos entornos, cuando los que están al frente realizan maniobras imprudentes, no sólo ponen en riesgo las naves sino también a todos los ocupantes. En el caso de las iglesias, los líderes pueden hacer maniobras imprudentes cuando, habiéndose descoyuntado de la Cabeza y desviado de la intención original del Padre, comienzan a orientarse por visiones y propósitos disímiles, a tomar decisiones desacertadas y a cometer desaciertos ministeriales (ver Colosenses 2:18, 19).

¿Confrontar esta generación o endulzarles el evangelio?

La Palabra del Señor afirma que este mundo está bajo el maligno (ver 1 Juan 5:19), y aunque éste fue vencido y juzgado por Cristo en la cruz, su operaciones *bélicas* tienen continuidad hasta el día señalado por el Padre cuando su sentencia definitiva será ejecutada (ver Apocalipsis 20:10). En esta posmodernista sociedad de la información y del conocimiento, el dios de este siglo ha propiciado el surgimiento de una generación multimedia y digital, adicta a las fuertes emociones, que vive su vida con mucha prisa y no le interesa detenerse a escuchar el mensaje transformador del evangelio de Jesucristo. A los que viven de esa manera el apóstol Pablo les llama *"los que se pierden"*. El curso que llevan los conduce indefectiblemente a la condenación eterna, pues *"...el dios de este mundo ha cegado el entendimiento de los incrédulos, para que no vean el resplandor del evangelio de la gloria de Cristo..."* (2 Corintios 4:4 LBLA)

A Timoteo, su hijo en la fe, Pablo le describe de la siguiente manera el carácter de las personas de ésa generación: *"También debes saber que en los últimos días vendrán tiempos peligrosos, y que habrá hombres amantes de sí mismos, avaros, vanagloriosos, soberbios, blasfemos, desobedientes a los padres, ingratos, impíos, sin afecto natural, implacables, calumniadores, intemperantes, crueles, aborrecedores de lo bueno, traidores, impetuosos, envanecidos, que amarán los deleites más que a Dios."* (2 Timoteo 3:1–4 RVR 1960)

Se trata de una generación insulsa que se rehúsa a reconocer la existencia de Dios y su imperante necesidad de reconciliarse con Él, por lo que cada vez las iglesias cristianas les son menos atractivas.

En su interés por llegar con mayor efectividad a la gente, algunos líderes "innovadores" han llegado a la conclusión de que la única manera de atraer hacia la Iglesia a la gente de la referida generación, es actualizando el mensaje que se predica, aligerando sus demandas y haciendo más énfasis en el favor de Dios por el pecador que en las consecuencias terrenales y eternas de su pecado.

El pastor MacArthur se refiere a esto mismo con las siguientes palabras: *"Las iglesias planifican sus cultos conforme a lo que apetezcan quienes todavía no pertenecen a una iglesia local. Los intérpretes de música cristiana imitan todas las modas y tendencias de la industria del entretenimiento. A los predicadores les aterra que la ofensa del evangelio pueda poner a alguien en su contra, así que omiten de forma deliberada aquéllas partes del mensaje que puedan resultar desagradables al mundo".*[48]

No vemos ningún problema en que en el presente siglo se busque transicionar la liturgia, los formatos y los estilos de las iglesias de lo tradicional a lo contemporáneo con la finalidad de atraer a la gente de esta generación, siempre y cuando no se diluya la esencia del evangelio de Jesucristo ni se aligeren sus demandas. En su razonamiento, algunos líderes se han convencido de que en lugar de confrontar esta generación con su pecado y declararles su delicada situación ante Dios, se les debe ofrecer un evangelio con menos restricciones y demandas, algo más entretenido y emocionante, que incorpore actividades con estímulos visuales, donde no falte una dosis de humor, y cuya aplicación no pase de

---

[48] John MacArthur, *¿Por qué un único camino?* (Grand Rapids, Michigan: Editorial Portavoz, 2004).

consejos y recomendaciones para la vida práctica, que ayuden a elevar la auto-estima y favorezcan el crecimiento personal y el pensamiento positivo.

No podemos ignorar que nuestro adversario procura que las personas que quieren acercarse a Dios se desvíen hacia *"iglesias"* donde les sea imposible encontrarse con Jesucristo, quien es la única verdad que les puede hacer verdaderamente libres. El sano anhelo de todo pastor sincero es ver su iglesia llena de personas que buscan a Dios, pues consideran esto una señal de que el Señor está *"bendiciendo"* sus ministerios. Pero ¡cuidado! un deseo tan piadoso puede ser sutilmente desvirtuado por el dios de este siglo.

En su bien articulado propósito, nuestro adversario ha logrado obnubilar a muchos ministros y ministras de este tiempo con espejismos de crecimiento y prosperidad ministerial. Como resultado de esto, hoy somos testigos de la existencia de muchas *"iglesias emergentes"* donde el entretenimiento ha suplantado a la edificación, donde se prioriza la experimentación de emociones espirituales en lugar de la confrontación con la Palabra de Dios, y donde se sirven lecciones de psicología positiva[49], éxito y superación personal en lugar del evangelio transformador de Jesucristo.

En su misión de convencer al mundo de pecado, de justicia y de juicio (ver Juan 16:8), el Espíritu Santo cuenta con la Iglesia de Jesucristo como su instrumento principal. Ahora ¿qué tan efectivo será su trabajo de convencimiento si la Iglesia diluye la esencia del mensaje del evangelio para acomodarlo a los oyentes, y aligera sus demandas para hacerlo más atractivo?

El mundo aborreció y aborrece a Jesucristo, y por vía de consecuencia, hoy aborrece a su Iglesia (ver Juan 15:18, 19). Cuando el mundo empiece a llevarse bien con las iglesias, es posible que sea porque han llegado a ser muy afines, o porque las mismas han dejado

---

[49] La psicología positiva se define como el estudio científico de las fortalezas y virtudes humanas, las cuales permiten adoptar una perspectiva más abierta respecto al potencial humano, sus motivaciones y capacidades (Sheldon & King, 2001).

de predicar lo que el mundo necesita escuchar y ha comenzado a decirle lo que quiere oír. Las demandas del evangelio de Jesucristo son innegociables y no pueden ser endulzadas ni acomodadas a las preferencias humanas con tal de mantener nuestras actividades y eventos a casa llena y nuestros templos repletos de personas cada semana.

El apóstol Pablo advirtió a Timoteo: *"Ten cuidado de ti mismo y de la doctrina; persiste en ello, pues haciendo esto, te salvarás a ti mismo y a los que te oyeren"* (1 Timoteo 4:16 RVR 1960). El apóstol Juan aconsejó a la señora Elegida y a sus hijos: *"Mirad por vosotros mismos, para que no perdáis el fruto de vuestro trabajo, sino que recibáis galardón completo. Cualquiera que se extravía, y no persevera en la doctrina de Cristo, no tiene a Dios; el que persevera en la doctrina de Cristo, ése sí tiene al Padre y al Hijo"* (2 Juan 1:8, 9 RVR 1960).

Los líderes cristianos genuinos se aseguran de mantener sus iglesias en el rumbo marcado por Jesucristo, no en la ruta marcada por sus propias visiones y pretensiones, y mucho menos montarlas en los rieles que ha construido la presente generación. Así, cuando Cristo aparezca, nadie los privará de su premio pues se mantuvieron asidos con fuerza a la Cabeza (ver Colosenses 2:19).

Finalmente, si quieres mantener tu ministerio en alineamiento con la perspectiva original del Padre, expresada en Su Palabra, asegúrate que:

1. El mismo esté enfocado en la visión del Reino de Dios y no en una ambición religiosamente correcta, proveniente de una aspiración denominacional que te cautiva.
2. Su fuerza, guía y sostén estén en el Espíritu de Dios y no en el espíritu de un líder carismático, profesionalmente competente, que tiene excelentes vinculaciones sociales.
3. Tenga al frente a Siervos-Líderes con llamado de Dios, que evidencian idoneidad de carácter e integridad moral y espiritual.

4. Esté integrado por un conjunto de siervos y siervas comprometidos, que comparten la misma visión y se complementan con sus dones y capacidades y no por un grupo de competidores, con intereses propios que sólo buscan espacios de poder y ejercer autoridad.

5. Disponga de una dinámica de auto-regulación y alineamiento sistemático que favorece su integridad espiritual, efectividad organizacional y relevancia ministerial.

La batalla por contrarrestar las obras del dios de este siglo no se gana con ministerios retumbantes, encantadores y divertidos sino con armas letales que diezmen las posiciones del enemigo.

SELAH...

Al cierre de este capítulo, eleva nuevamente tu corazón al Señor y ríndete a la ministración de su Espíritu.

Todo líder espiritual necesita mantener su vida y ministerio ajustados a la perspectiva trazada por Jesucristo. Responde para ti mismo las siguientes preguntas:

1. ¿Tengo la intención sincera de tener entre mis principales prioridades ministeriales la preparación de hombres y mujeres de fe no fingida, que Dios pueda usar con efectividad en el desarrollo y fortalecimiento de su Iglesia y en la extensión de su Reino?

2. ¿Siento temor a ser desplazado por consiervos míos que evidencian mayores competencias y habilidades que las que yo tengo, por lo que me siento tentado a emplear tácticas manipulativas en mis relaciones interpersonales y en el trabajo ministerial junto a ellos?

Ruega al Padre para que el Espíritu Santo te ayude en tu debilidad y te mantenga asido fuertemente a la Cabeza y apegado al propósito original del Padre declarado en su Palabra, pues el mismo Señor dijo: *"...separados de mí nada podéis hacer"* (Juan 15:5 RVR 1960).

Prepárate ahora para adentrarte en el siguiente capítulo, donde podrás comprender cómo logran los líderes auténticos reproducirse en hombres y mujeres fieles para contribuir a la permanencia y vitalidad de la obra de Dios en el tiempo.

Capítulo 6

EL LÍDER COMO ENTRENADOR

"Lo que has oído de mí ante muchos testigos, esto
encarga a hombres fieles que sean idóneos para enseñar
también a otros." (2 Timoteo 2:2 RVR 1960)

En el capítulo anterior establecimos que, para ser efectivos en el ministerio cristiano, los líderes tienen que establecer y conservar una perspectiva ministerial alineada con las directrices que emanan del que está sentado a la diestra del trono de la Majestad. En el presente capítulo exploraremos cómo Jesús cumplió su labor de entrenador del equipo que escogió, y lo que hizo para desarrollar en ellos las competencias espirituales y de carácter que fueron determinantes para la eficacia en el ministerio que les fue encomendado.

La mayor satisfacción que puede tener un líder cristiano durante su carrera es invertirse en preparar hombres y mujeres que le acompañen en su trabajo y que puedan ser agentes claves para la sucesión de su liderazgo y la sostenibilidad del ministerio. Los líderes eficaces no caen del cielo sino que son el resultado de la gracia del Señor armonizada con la intención y la diligencia de siervos y siervas que han entendido su llamado a reproducirse en otros líderes. Cuando preparamos líderes estamos *"produciendo"* vasijas para el uso extensivo y extraordinario del Dios Eterno.

En este tiempo está muy de moda el tema del *Coaching*. Muchos lo buscan y lo desean ejercer sin comprender en su justa dimensión el enfoque, alcance e impacto de esta práctica de liderazgo. Se define *Coaching* como *"el proceso de equipar a las personas con las herramientas, conocimientos y oportunidades que necesitan para desarrollarse y ser más efectivos. El "Coach" no desarrolla personas, sino que las equipa para que se desarrollen ellas mismas; su rol es el de un catalizador de desarrollo. Se trata de un proceso continuo para cultivar las capacidades de las personas y aprovechar su verdadero potencial"*[50].

Jesús como líder entrenador (*Coach*)

Ninguno puede convertirse en un buen maestro si previamente no se ha sometido con disciplina a un riguroso proceso de formación, habilitación y entrenamiento. La vida y ministerio de Jesús, como los describe el evangelista Lucas, son un tratado sobre un hombre extraordinario llamado Jesús de Nazaret, quien vivió a cabalidad su proceso de vida para cumplir el propósito de su Padre. Antes de iniciar su ministerio ya la gente había recibido de Jesús al menos dos importantes enseñanzas: .

1. En un proceso de formación y entrenamiento, todos los pasos del mismo son necesarios y no es favorable que el discípulo salte ninguno de ellos. Juan el Bautista cumplía su ministerio bautizando a la gente en el río Jordán para el perdón de los pecados. Un día Jesús acude a él para que lo bautizase, lo cual le causó una inmensa sorpresa pues él sabía que el mesías de Dios era un hombre sin pecado. Juan accedió a bautizarle debido a que Jesús le argumentó que someterse a su bautismo era parte del proceso necesario para legar a sus seguidores un ejemplo de sumisión y humildad para con Dios. Fue en este acto, aparentemente innecesario,

---

[50] David B. Peterson y Mary Dee Hicks, *Leader as a Coach* (Minneapolis: Personnel Decisions International, 1996), 14-16.

donde se confirmó públicamente el respaldo que El Eterno estaba dando al ministerio terrenal de Jesucristo.

2. La integridad del carácter es esencial para que un discípulo pueda afrontar los peligros y retos que encontrará en el camino. Jesús pasó por el crisol de las tentaciones antes de iniciar su ministerio. De este proceso salió incólume, obteniendo su victoria en base a la llenura del Espíritu Santo, al poder de la Palabra del Señor, al enfoque en su llamado y misión, y en un concepto equilibrado de sí mismo. Es necesario que todo discípulo pase por un desafiante proceso formativo-probatorio que contribuya a aportarle el temple que su carácter necesita.

Jesús también nos enseñó que todo buen entrenador debe tener claridad suficiente sobre su misión o razón de existir, pues eso le evitará desviarse del rumbo marcado y le ayudará a mostrar coherencia frente a los discípulos. Estando en una sinagoga[51] en Nazaret, Jesús tuvo la oportunidad de compartir con la gente allí presente el enfoque, el alcance y el impacto de su misión, basándose en la lectura del capítulo sesenta y uno del libro del profeta Isaías. En ése texto encontró la base profética para declarar que su ministerio tenía un enfoque integral, que sería cumplido bajo la unción del Espíritu del Señor, y que su obra redentora procuraría alcanzar todas las dimensiones de la vida humana: Espiritual, Físico-biológica, Socio-cultural y Psico-emocional.

La dinámica ministerial de Jesús consistente en predicar, sanar y enseñar. También nos indica la relevancia que tiene para la carrera de un líder cristiano que el Espíritu del Señor se muestre sobre él, habilitándole para hacer uso de los recursos espirituales, así como del poder y la autoridad que le han sido delegadas para la obra del ministerio. El evangelista Lucas registra al menos dieciocho

---

[51] Se llamaba sinagoga al *"edificio en que los judíos celebraban el culto religioso"*. *Diccionario Bíblico Ilustrado* (Barcelona: CLIE, 1981).

casos destacados de la manifestación del poder y la autoridad de Jesucristo, que van desde sanidades diversas, dominio sobre el reino de las tinieblas y control de las fuerzas de la naturaleza. Sin el accionar del Espíritu será imposible que podamos asemejarnos a Cristo en eficacia y capacidad ministerial.

Las manifestaciones de poder puestas en evidencia testificaban del respaldo que el Dios Eterno estaba dando a su Enviado y daban a conocer a los seres humanos el poder del Señor de manera fehaciente. La manifestación del poder sanador, liberador y restaurador del Padre es sólo posible por la presencia y la operación del Espíritu Santo (Lucas 4:18). Nicodemo dijo a Jesús: *"Sabemos que has venido de Dios como maestro; porque nadie puede hacer estas señales que tú haces, si no está Dios con él"* (Juan 3:2 RVR 1960).

Jesús fue intencional en escoger personas en quienes reproducirse y a quienes formar y desarrollar para que dieran continuidad al propósito de Dios. El hizo muchos discípulos, de los cuales escogió a doce para que estuvieran con él; estos fueron su equipo operativo a tiempo completo. De Cristo aprendemos que todo buen entrenador se hace acompañar de personas que cumplen ciertos criterios, en los cuales se debe invertir tiempo y energía, y a quienes se debe habilitar y facultar para que puedan realizar su trabajo con eficacia y de manera interdependiente. Obviamente, no se trata de fabricar clones de nosotros mismos, pues cada líder es distinto en temperamento, carácter, estilo de aprendizaje y personalidad. De lo que se trata es de influir en ellos, afirmarlos, valorarlos y guiarlos con nuestro ejemplo.

Covey nos cuenta un caso, ilustrativo de esto que venimos diciendo, cuando trataba junto a su esposa de buscar soluciones para moldear el carácter y la personalidad de su hijo Sean. El escribe: *"Decidimos centrar nuestros esfuerzos en nosotros mismos, en nuestras motivaciones más profundas y en nuestra percepción de nuestro hijo. En lugar de tratar de cambiarlo, procuramos tomar distancia respecto a él y esforzarnos por percibir su identidad, su individualidad y su valor personal"*[52]. Con el tiempo, esta actitud ayudó a afirmar al niño, quien fue ganando confianza y madurez, y mejorando su desempeño en los distintos aspectos de su vida.

Tanto los doce apóstoles como los setenta discípulos enviados a predicar el evangelio y sanar, cumplieron con éxito su encomienda, sin la presencia física de su Entrenador. Esto fue un indicador de que Jesucristo había logrado una adecuada habilitación ministerial en sus discípulos, aunque su mayor causa de regocijo estaba en que los nombres de ellos estaban inscritos en los cielos (ver Lucas 10:20). Jesús invirtió una ingente cantidad de tiempo trabajando por el desarrollo de un espíritu compasivo y un sólido sistema de creencias en sus seguidores. Les enseñó la importancia de sentir compasión por las personas vulnerables y a moverse en acciones de misericordia a favor de ellas, sin importar la magnitud de sus necesidades o la etiología de sus dolencias.

Los evangelistas Mateo y Lucas registran que, como buen entrenador, el Maestro abordó con sus discípulos una variedad de tópicos[53] de orden espiritual, moral, práctico y ético. Se destacan sus enseñanzas sobre la oración, el amor a los enemigos, la regla de oro, el juzgar a los demás, la obediencia, la sencillez, la humildad, la no discriminación, la integridad, la grandeza de servir, la tolerancia, la misericordia, el desprendimiento, el cultivo de las sanas amistades, la sanidad interior, la confrontación de la maldad, el cumplimiento de los deberes ciudadanos, la actitud frente a los afanes de la vida y el valor de las cosas eternas.

Jesucristo modeló a sus seguidores cómo lidiar con las personas que manifiestan conductas y actitudes negativas tales como el odio, la traición, la injusticia, la calumnia, la agresión física, etc. El odio y la calumnia de sus enemigos religiosos los contrarrestó con

---

[52] Stephen R. Covey, *Los Siete Hábitos de la Gente Altamente Efectiva* (Buenos Aires: Editorial PAIDOS, 1997), 28, 29.

[53] Una buena parte de estas enseñanzas están contenidas en el Sermón de la Montaña, registrado en los capítulos 5-7 del libro de Mateo, y diseminadas en los capítulos 6, 11, 12, 13 y 16 del libro de Lucas.

integridad y autoridad; la negación de Pedro y la traición de Judas las compensó con amor y misericordia; la injusticia y la agresión de los que le escarnecieron, golpearon y mataron, las neutralizó con perdón y encomendando su causa al que juzga con justo juicio. Ciertamente que los seguidores de Jesucristo, en todos los tiempos, hemos tenido el mejor entrenador. Ahora nos toca a nosotros seguir sus pisadas y modelar a nuestros condiscípulos cómo ser verdaderos imitadores de Jesucristo.

Pablo como entrenador de líderes

Como instrumento escogido de Dios, el apóstol Pablo puede ser considerado como un líder eficaz por haberse reproducido en líderes destacados como Timoteo, Tito, Lucas, Marcos, Bernabé, Silvano, Tíquico, Aquila y Priscila. También puede decirse que fue el entrenador más metódico y con mayor formación profesional y teológica entre sus contemporáneos. Entre sus colaboradores de confianza sobresale Timoteo, su hijo en la fe. Pablo reconoce que la fe sincera, no fingida, que evidenciaba Timoteo había habitado primero en su abuela Loida y su madre Eunice. No fue una fe heredada sino sembrada y cultivada en su corazón por unas tutoras responsables y comprometidas. Fue una fe desarrollada mediante la experiencia y el testimonio que estas mujeres le dieron y consolidada por su propia vivencia espiritual. Esto es un indicativo de que el buen mentoreo de los hombres y mujeres del Señor comienza en el hogar o, en su defecto, en la Iglesia.

No todos los hombres y mujeres que Dios necesita en la Iglesia tendrán el privilegio que tuvo Timoteo: tener a su lado mentores que le enseñen la verdad del evangelio y le ayuden a desarrollar la fe no fingida, la que agrada a Dios, y lo preparen integralmente para la obra del ministerio. Dios ha asignado a los líderes en las iglesias la responsabilidad de ser los guías y mentores para crear la generación de hombres y mujeres que Él requiere para la sucesión de los líderes actuales y el aseguramiento de la continuidad de su obra en el tiempo. Siendo sinceros, tenemos que admitir la triste realidad de que (salvo muy notables excepciones) los líderes cristianos del presente parecen no tener entre sus prioridades la tarea de reproducirse. En las iglesias cristianas de hoy escasean Timoteos (hombres y mujeres de fe sincera, amantes de la obra del Señor); en éstas es más fácil encontrar creyentes que reproducen el carácter y las conductas de:

a. **Demas** (ver 2 Timoteo 4:10) – *"Compañero de ministerio del apóstol Pablo que lo abandonó, desalentado por los contratiempos de la obra o incitado por el amor al mundo"*[54]. Estos son los que una vez estuvieron muy activos e involucrados en la Iglesia y ahora están de brazos caídos, por múltiples razones.

b. **Himeneo, Alejandro** y **Fileto** (ver 1 Timoteo 1:19–20; 2 Timoteo 2:16–18; y 4:14) – *"Himeneo fue un miembro de la iglesia de Éfeso que cayó en grandes errores de principio y práctica, promoviendo doctrinas falsas y corrompiendo la fe de los hermanos al torcer las enseñanzas de Pablo; Alejandro fue un desertor de la fe cristiana; Fileto estaba asociado a Himeneo y era maestro de errores doctrinales relacionados con la resurrección"*[55]. Estos son los que por falta de fundamento bíblico y solidez doctrinal mezclan el error con la verdad, y debilitan la fe de los hermanos, descifrando *"códigos bíblicos"* y diseminando *"descubrimientos"* doctrinales que son perniciosos a todas luces.

c. **Figelo y Hermógenes** (ver 2 Timoteo 1:15; y 4:16) – *"Estos eran ciertos cristianos de Asia Menor que abandonaron a Pablo y desertaron del ministerio en Roma"*[56]. Estos son los creyentes de doble ánimo a quienes les falta coraje, audacia y capacidad de aguante frente a las vicisitudes intrínsecas del ministerio.

[54] W.W. Rand, *Diccionario de la Santa Biblia* (Miami, Florida: Editorial Caribe), 172.
[55] W.W. Rand, *Diccionario de la Santa Biblia*, 29, 237, 289.
[56] W.W. Rand, *Diccionario de la Santa Biblia*, 236, 281.

En su carta a los filipenses, el apóstol Pablo destaca las sobresalientes cualidades de Timoteo como ministro de Jesucristo: *"A ninguno tengo del mismo ánimo, y que tan sinceramente se interese por vosotros. ... Pero ya conocéis los méritos de él, que como hijo a padre ha servido conmigo en el evangelio."* (Filipenses 2:20, 22 RVR 1960). Por un tiempo, Pablo encargó la iglesia de Éfeso a Timoteo para que apoyase su desarrollo y crecimiento, predicando la Palabra, enseñando y estableciendo y formando líderes auténticos y competentes (ver 1 Timoteo 1:3, 4). También lo envió a una misión de contingencia a la caótica iglesia de Corinto (ver 1 Corintios 4:17; 16:10; y 2 Corintios 1:19). Asimismo sirvió de apoyo a Pablo en las iglesias de Filipo, Colosas y Tesalónica (ver Filipenses 2:19; Colosenses 1:1; y 1 Tesalonicenses 3:2, 3, 6).

Tanto se ocupó el apóstol para que Timoteo hiciera bien su trabajo y fuera un obrero aprobado, que le escribió dos cartas con instrucciones precisas que le ayudarían a fortalecer la Iglesia, desarrollar su ministerio y preservar la integridad de su liderazgo, Así se lo expresó en su primera carta: *"Te escribo estas cosas, esperando ir a ti pronto, pero en caso que me tarde, te escribo para que sepas cómo debe conducirse uno en la casa del Señor, que es la iglesia del Dios vivo, columna y sostén de la verdad"* (1 Timoteo 3:14, 15 LBLA).

Tanto Cristo como el apóstol Pablo fueron entrenadores que guiaron con el ejemplo y se entregaron a su misión con niveles de dedicación y compromiso fuera de lo ordinario. Pablo decía que cumplía en su cuerpo lo que faltaba de las aflicciones de Cristo por su Iglesia; y tuvo la audacia de decir: *"Imítenme a mí, como yo imito a Cristo."* (1 Corintios 11:1 NVI). Por amor del Señor había dejado todo lo que humanamente había alcanzado, y lo consideraba sin utilidad alguna, por haber encontrado en su Maestro el más grande tesoro: el conocimiento y la sabiduría del Dios vivo, verdadero y eterno.

SELAH...

Al cierre de este capítulo, eleva nuevamente tu corazón al Señor y ríndete a la ministración de su Espíritu.

Como entrenador, Jesucristo te dejó su ejemplo para que sigas sus pisadas, y para que así como él hizo con sus discípulos, también hagas tú con los que están aprendiendo y trabajando contigo. Responde para ti mismo la siguiente pregunta: ¿Están mis colaboradores siendo atraídos a Cristo y aprendiendo a seguirle, o siendo atraídos hacia mí y aprendiendo a seguirme como su líder?

Como ministro de Jesucristo no puedes esperar que los condiscípulos a quienes guías perseveren en su entrega y obediencia al Señor cuando tú mismo te descuidas en ello, y no te esfuerzas sosegadamente en llenar la medida de Cristo y en convertirte en el referente más cercano que ellos puedan tener para su desarrollo y crecimiento espiritual y para lograr eficacia ministerial. Pide al Señor que te ayude a convertirte en el tipo de líder que te gustaría seguir, y en el tipo de líder que te gustaría fuera tu sucesor en el ministerio cuando tus días acaben en esta tierra.

Prepárate ahora para adentrarte en el siguiente capítulo donde podrás aprender cómo triunfar sobre los agentes distractores que son promovidos por nuestro adversario, quien tiene la intención de desviarte de la voluntad del Padre y del cumplimiento de Su propósito en tu vida y ministerio.

Capítulo 7

LOS DISTRACTORES DEL LÍDER CRISTIANO

"Cada uno es tentado, cuando de su propia concupiscencia es atraído y seducido." (Santiago1:14 RVR 1960)

En el capítulo anterior establecimos que los líderes eficaces son el resultado de la gracia de Dios, armonizada con la intención y la diligencia de hombres y mujeres de Dios quienes han entendido que el componente más relevante de su llamado es su reproducción en otros líderes. En el presente capítulo estudiaremos la variedad de agentes de distracción que procuran hacer desviar a un líder cristiano de su foco central. También conoceremos su naturaleza y cómo contrarrestarlos. A los fines de ser más objetivos en la identificación de los distractores más letales para la vida espiritual de un líder y proponer así la manera más efectiva de afrontarlos, consideraremos el ejemplo de Jesucristo cuando fue tentado en el desierto, antes de iniciar su ministerio.

El evangelista Lucas relata en el capítulo cuatro de su primer tratado, que Jesús fue asediado por el diablo durante cuarenta días, en los cuales éste intentó empujarlo a, al menos, tres cosas:

1. Perder el enfoque original de su misión.
2. Comprometer la lealtad que debía a su Padre.
3. Dejarse gobernar por los impulsos humanos.

Veamos a continuación cada uno de estos aspectos en detalle:

1. Perder el Enfoque de la Misión.

Todo líder cristiano tiene la misión de cumplir el propósito de Dios, completar la obra para la que fue llamado y vivir en la voluntad del Padre. No debemos ignorar que nuestro adversario tiene agentes espirituales[57] operando continuamente, con el mandato expreso de desviar al liderazgo cristiano de la misión encomendada y de su sincera fidelidad a Jesucristo. En su tentativa contra el enviado del Señor, el diablo pretendió que éste se desenfocara de su misión invirtiendo tiempo en la ejecución de acciones que en nada contribuían al cumplimiento de su asignación divina. Estas acciones son ilustradas en el relato de Lucas con analogías como *"la conversión de piedra en pan"*, *"la obtención de gloria y poder"* y *"el desafío a la soberanía divina"*. Jesús no pudo ser atraído ni seducido por ninguna de estas tentaciones, primero por su condición de hombre sin pecado y, segundo, porque como siervo de El Altísimo, estaba anclado en un conjunto de principios que le sirvieron para neutralizar al tentador. Desempacamos cada uno de esos principios a continuación:

A. **La comida que viene del Dios Eterno es la fuente de la vitalidad y el poder espiritual necesario para el cumplimiento de la misión.** A sus discípulos dijo: *"Yo tengo una comida que comer, que vosotros no sabéis...Mi comida es que haga la voluntad del que me envió, y que acabe su obra"* (Juan 4:32, 34 RVR 1960). Esta comida sólo se consigue mediante una comunión íntima y dinámica con El Eterno. Si esta comida escasea en la vida de un líder cristiano puede ser seducido a *"convertir la piedra en pan"*, es decir a buscarse otra fuente de alimentación y nutrición. La dinámica del ministerio de Jesús se centraba en predicar, sanar, enseñar y orar, aunque

---

[57] *"Principados, potestades, gobernadores de las tinieblas, y huestes espirituales de maldad"* (ver Efesios 6:12).

también apartaba tiempo de calidad para descansar, dormir, comer y socializar con amigos y familiares.

B. **Lo que da verdadero sentido a la vida es ser rico para con Dios y no la obtención de reconocimiento humano, gloria y poder terrenal.** A los religiosos de su época dijo Jesús: *"Gloria de los hombres no recibo"* (Juan 5:41 RVR 1960). Jesucristo sabía que la gloria verdadera la recibiría del Padre cuando éste le glorificara al lado Suyo con aquélla misma gloria que tenía antes de la creación del mundo (ver Juan 17:5). A sus discípulos dijo:

- *"Todas las cosas me han sido entregadas por mi Padre…"* (Mateo 11:27 RVR 1960)
- *"El Padre ama al Hijo y ha entregado todas las cosas en su mano."* (Juan 3:35 RVR 1960)
- *"Toda potestad me ha sido dada en el cielo y en la tierra."* (Mateo 28:18 RVR 1960)

Nuestro corazón se inclinará hacia las cosas que busca, sean éstas eternas o perecederas. Si nuestro corazón está orientado por una visión terrenal, podemos ser deslumbrados y quedar encandilados por la búsqueda del reconocimiento, el poder y la gloria de este mundo, e ir tras ello sin escatimar precio alguno.

C. **Aunque el poder de El Eterno está comprometido con respaldar el ministerio de sus enviados, Su soberanía no debe ser desafiada ni disputada.** A sus discípulos dijo Jesús: *"Nadie me quita la vida, sino que yo la doy de mi propia voluntad. Tengo autoridad para darla, y tengo autoridad para tomarla de nuevo."* (Juan 10:18 LBLA). Durante su arresto, cuando Pedro sacó su espada para defenderlo, le dijo: *"Vuelve tu espada a su sitio… ¿O piensas que no puedo rogar a mi Padre, y El pondría a mi disposición ahora mismo más de doce legiones de ángeles?"* (Mateo 26:52, 53 LBLA). Todas las obras extraordinarias de Jesús fueron realizadas porque Dios estaba con él. Si como líderes no tenemos un convencimiento pleno de que Dios emplea su poder con soberanía y sin recibir instrucciones de nadie, podemos ser seducidos por el adversario hasta a poner en riesgo cosas tan valiosas como la propia vida, con tal de que sea evidente a otros que el poder del Dios Altísimo está de nuestro lado y respaldando nuestros ministerios.

2. Comprometer la lealtad que se debe al Padre.
Uno de los mayores riesgos que enfrenta un líder espirituales tener *lealtades divididas*. La respuesta de Jesucristo al tentador fue tajante y contundente cuando le propuso que le rindiera adoración: *"Al Señor tu Dios adorarás, y sólo a Él servirás."* (Mateo 4:10 LBLA). A sus seguidores les dijo Jesús: *"Ningún siervo puede servir a dos señores; porque o aborrecerá al uno y amará al otro, o estimará al uno y menospreciará al otro."* (Lucas 16:13 RVR 1960)

En muchos asuntos, aparentemente triviales, con frecuencia caemos en el fraccionamiento de nuestra lealtad. Incontables veces somos encontrados siendo más leales a nosotros mismos, a otros líderes espirituales, a líderes políticos, a instituciones humanas y a tradiciones eclesiales que a Jesucristo mismo. Todo líder con lealtad dividida[58] es inconstante en todos sus caminos y puede caer en la práctica asidua de la simulación y la hipocresía[59]. Se recurre a la simulación y al cuidado de las apariencias cuando se procura agradar a la gente más que al Señor. Obviamente, esto no justifica que se falte a la excelencia y a la delicadeza. Lo importante no es como la gente ve las cosas, sino si el Señor se complace en ellas. Para evitar ser distraídos y comprometer nuestra lealtad con cualquier otro que no sea Jesucristo, debemos implorar constantemente al Padre que ancle nuestros corazones en su gracia (ver Hebreos 13:9), pues sólo en ella Él nos completa, afirma, fortalece y establece (ver 1 Pedro 5:10).

---

[58] Santiago le llama *"hombre de doble ánimo"* (ver Santiago 1:8).
[59] Un ejemplo de este comportamiento se encuentra en Gálatas 2:11-13.

---

2. Dejarse gobernar por los impulsos humanos.

Si a algo desastroso está expuesto un líder cristiano es a someterse al dominio de los impulsos humanos. El tentador apeló a las necesidades humanas pretendiendo seducir a Cristo a dejarse guiar por sus impulsos en la satisfacción de necesidades fundamentales como la alimentación, el afecto, la seguridad, la realización y el reconocimiento.

La propuesta del tentador a Jesús era altamente aviesa:

a) ¿Tienes necesidades orgánicas? Recurre hasta lo imposible para satisfacerlas – *"Di a esta piedra que se convierta en pan".* (Lucas 4:3 LBLA)

b) ¿Quieres tener fama, poder y posesiones? Paga el precio que sea necesario para conseguirlo – *"todo esto te daré si postrado me adorares."* (Mateo 4:9 RVR 1960)

c) ¿Necesitas avalar tu llamado y ganar credibilidad? Reta a tu Dios a que te muestre su poder y cumpla sus promesas – *"Si eres Hijo de Dios échate al vacío, pues a sus ángeles mandará para que te protejan."* (Lucas 4:9, 10 RVC)

En su astucia, el tentador acostumbra a torcer la palabra del Señor para hacernos creer que lo que sentimos hacer, y queremos hacer, tiene el asidero bíblico y el respaldo divino necesarios. Estos embates fueron resistidos por el Maestro con el poder de la Palabra del Señor, diciendo al tentador:

- Primero: *"No sólo de pan vivirá el hombre."* (Lucas 4:4 LBLA)
- Segundo: *"Al Señor tu Dios adorarás, y a él sólo servirás"* (Lucas 4:8 LBLA)
- Tercero *"No tentarás al Señor tu Dios."* (Lucas 4:12 LBLA)

El conocimiento que Jesús tenía de las palabras de su Padre y de Su fidelidad, y el sometimiento espontáneo de él a Su voluntad, le permitieron mantener sus oídos cerrados ante tales propuestas. Cuando un líder cristiano carece de instrucción espiritual adecuada y de fundamentos bíblicos sólidos corre el riesgo de ser confundido por el tentador y entender erróneamente Las Escrituras, acarreando su propia perdición y la de los que le prestan atención (ver 2 Pedro 3:16).

Jesucristo nos dejó su Espíritu para que nos habilite y entrene en la búsqueda y ejercicio de la voluntad del Señor: *"Pero cuando venga el Espíritu de verdad, él os guiará a toda la verdad."* (Juan 16:13 RVR 1960). Esta es la única manera de permanecer bajo el gobierno de la voluntad de El Eterno y resistirnos a someternos al dominio de los impulsos humanos.

La vanidad: un impulso humano dominante

Los líderes cristianos genuinos son auxiliados por el Espíritu Santo para mantener sus ojos puestos en la eternidad. Él nos alerta sobre las consecuencias de poner la vista en las atracciones pasajeras que provienen del mundo. También ilumina nuestras mentes con las palabras del Señor para que nuestros sentidos se ejerciten en el discernimiento de la verdad, y no nos dejemos seducir por las cosas que deslumbran e ilusionan a este mundo. Si hay un impulso que se muestra dominante en la vida del ser humano, ése es la vanidad, y tristemente está ganando mucho terreno y vigencia entre los líderes cristianos de este tiempo. Si un líder cristiano es vanidoso, esto será evidente en su vida personal, familiar, profesional y ministerial.

El apóstol Juan[60] nos enseña en su primera carta que se es vanidoso:

a)   Cuando se busca satisfacer lo que el cuerpo quiere *("los deseos de la carne")*, no lo que éste necesita.

---

[60]   Ver 1 Juan 2:15, 16.

UN LÍDER A ESTRIBOR

b) Cuando se procura con avidez obtener lo que agrada al corazón (*"los deseos de los ojos"*), no lo que más conviene.

c) Cuando se hace ostentación de lo que se posee o lo que se ha logrado en la vida, es decir *"la vanagloria de la vida"*.

También nos recuerda que todo lo que hay en el mundo *"no proviene del Padre sino del mundo"*, lo que equivale a decir que proviene del adversario del Padre, ya que el mundo entero está bajo el maligno (ver 1 Juan 5:19).

Se cae en la vanidad cuando el alma se inclina a cosas vanas; todo lo que hay en el mundo es frívolo e insustancial por no provenir del Padre. Por eso el apóstol Juan reitera a los creyentes: *"No améis al mundo, ni las cosas que están en el mundo; si alguno ama al mundo, el amor del Padre no está en él"*; y *"El mundo pasa y también sus deseos, pero el que hace la voluntad del Señor permanece para siempre."* (1 Juan 2:15, 17 RVR 1960). Hacer la voluntad de Dios y buscar constantemente lo que proviene del Padre es el antídoto espiritual contra la vanidad. Por eso Jesús pidió a su Padre: *"No te pido que los quites del mundo, sino que los protejas del maligno."* (Juan 17:15 NVI)

Una manera de manifestarse la vanidad es mediante la búsqueda de la gloria personal. Podemos ver a muchos líderes espirituales de hoy exhibiendo como suyas, y como si fueran premios ganados en el mundo del entretenimiento, las coronas que pertenecen al que está sentado a la diestra del trono de la Majestad, el único que es digno de recibir la gloria y la honra y el poder. Los creyentes en todas las latitudes del planeta debemos cuidarnos de ser encontrados entregando a nuestros líderes terrenales la gloria que sólo al Dios Eterno pertenece. La gloria del Señor no se comparte con seres humanos ni con nada de lo creado. Todos los líderes espirituales auténticos debemos decir como dijo nuestro Maestro: *"Gloria de los hombres no recibo"*. Esta declaración nos alejará todos los días de mostrarnos arrogantes y de caer en la vanidad y en la jactancia.

La distracción de las redes sociales

Existe un distractor que le está generando resultados insospechados a nuestro adversario. Podríamos estimar que éste nunca había podido incidir con tanta fuerza en la cotidianidad secular y espiritual de los creyentes en Jesucristo, como lo está logrando con la tecnología informática. Las redes sociales son herramientas que no fueron creadas para usos piadosos sino para el lucro de sus dueños. De manera colateral, los usuarios sacan de ellas beneficio económico y psico-emocional, y su uso más generalizado favorece la promoción de valores mundanos. Eso explica el uso asiduo que hacen de ellas las celebridades de la música, el cine, las artes y la televisión.

Estamos en la era de la instrumentalización de la tecnología informática para la promoción del culto a la personalidad. Hoy podemos ver a la gente, incluyendo muchos creyentes, buscando apreciación, aprobación social y popularidad en las redes sociales, para lo cual invierten ingentes cantidades de tiempo actualizándolas y poniéndose al día con las publicaciones que los demás realizan. Este es un comportamiento que interfiere en su dinámica cotidiana relacionada a sus asuntos personales, familiares, ministeriales y espirituales, generando en muchos una afición tal que sienten una imperante necesidad de estar activos en ellas lo más seguido posible.

Reconocemos que las redes sociales pueden redituar valor cuando las usamos para comunicarnos, aprender, emprender, exaltar a Jesucristo y promover el Reino de Dios. Se espera que un líder centrado en Cristo haga un uso racional y frugal de tales medios. Cualquier líder cristiano que en las redes destaca más su persona y sus logros que a Jesucristo y su obra, las está utilizando para buscar su propia gloria. Así lo dijo el Señor a sus discípulos: *"El que habla de sí mismo busca su propia gloria; pero el que busca la gloria del que le envió, éste es verdadero y no hay injusticia[61] en él."* (Juan 7:18

---

[61] *"Este es verdadero"* significa que es un representante genuino del que le envió (no es un impostor). *"No hay injusticia en él"* quiere decir que no se apropia de lo que solamente pertenece al que le envió.

LBLA). La verdad incontrovertida de la Palabra de Dios es que los que somos hijos de luz no debemos usar nuestras redes sociales siguiendo los patrones y criterios del mundo, ni seguir las pautas y prácticas de los que están en tinieblas para hacer uso de ellas (ver Romanos 12:2).

Algo que se ve con mucha frecuencia en este tiempo es la gran cantidad de creyentes líderes buscando reconocimiento y admiración en las redes sociales. Mientras más *Me Gusta* y *Seguidores* consiguen, más compensados emocionalmente se sienten. Pareciera que cada día necesitan sintonizar sus estados de ánimo con medio mundo. Facebook, Instagram, Twitter, Snapchat, etc. delatan en lo que estamos enfocados y hacia lo que nuestros corazones están inclinados, por lo que debemos usar las redes para la gloria de Dios y para el cumplimiento de Su propósito en nuestras vidas y en nuestros ministerios (ver 1 Corintios 10:23, 24).

Vemos con preocupación cómo muchos líderes espirituales se están dejando enredar por las redes sociales; algunos quizá sin darse cuenta, otros quizá sin querer queriendo. Creemos que excesivas publicaciones con imágenes y el nombre de un líder en primer plano es sobreexposición, lo que en otros medios equivale a hablar en exceso de uno mismo. Reiteramos que para Jesucristo, el líder que habla mucho de sí mismo *"busca su propia gloria"*. Adicional a esto, la sicología plantea que muchas personas necesitan llenar sus vacíos existenciales con el reconocimiento, a lo cual se hacen adictos para obtener compensación emocional. Esto es impropio en líderes cuyos corazones tienen a Jesucristo como centro.

Como embajadores de Jesucristo sabemos que nuestro reino no es de este mundo, por lo que estamos llamados a representar a nuestro Rey Eterno también en todos los medios donde se desenvuelven nuestras vidas (incluyendo las redes sociales). Así como lo fue él, nosotros también somos objetivos de los agentes de distracción del adversario. Sin embargo debemos saber que cuando estamos alineados con el Señor tenemos asegurada la victoria y que disponemos de un Sumo Sacerdote que puede compadecerse de nuestras debilidades, porque fue tentado en todo así como lo estás siendo tú y muchos otros ministros alrededor del mundo. Así como él no accedió a las tentaciones, puede guardarnos a todos sin caída. Estemos pendientes de no dar lugar a los agentes del adversario. Cuando movemos nuestra vista de lo eterno damos lugar a distracciones que pueden llegar a hacer nido en nosotros, si la palabra del Señor no habita en abundancia en nuestros corazones. Podemos estar seguros que si permanecemos en la Vid verdadera, nos mantendremos alineados con la voluntad del Padre Eterno y él nos dará la victoria sobre el tentador, porque mayor es el que está en nosotros que el que está en el mundo.

Pidamos insistentemente al Señor que su Espíritu nos ayude a liderar según los valores eternos que nos pueden acercar a Él y a su voluntad y no según los valores temporales que ponen a divagar nuestros corazones y nos transbordan a la vanidad.

SELAH...
Al cierre de este capítulo, eleva nuevamente tu corazón al Señor y ríndete a la ministración de su Espíritu.

Te invito a considerar las redes sociales como un distractor que está dando grandes ventajas al tentador sobre los líderes cristianos de este tiempo. Las siguientes preguntas te pueden ayudar a identificar si estás gestionando tus redes sociales con la perspectiva del Reino. Respóndelas para ti mismo con la mayor sinceridad.

Lo que me gusta, comento, publico y comparto en Facebook, Instagram, Twitter, Snapchat, etc.:

1. ¿Busca que Dios sea exaltado y glorificado, o que mi ego resulte inflado y mi persona destacada? (Ver Mateo 5:16)

2. ¿Promueve las maravillosas obras del Señor en mi vida, o mis logros y realizaciones en la vida? (Ver 1 Pedro 2:9)

3. ¿Atrae la gente hacia la Palabra de Dios y su obediencia, o hacia mi persona y a la imitación de mis preferencias? (Ver Juan 3:21)

4. ¿Contribuye a la edificación del cuerpo de Cristo y al cumplimiento de su misión, o construye mi imagen y mi propia reputación? (Ver 1 Corintios 10:33)

Prepárate ahora para adentrarte en el siguiente capítulo, donde podrás entender de dónde se recibe el denuedo y la valentía para promover el evangelio transformador de Jesucristo, así como la audacia y listeza para defender su integridad.

Capítulo 8

LIDERAZGO E INTEGRIDAD DEL EVANGELIO

"...me ha sido necesario escribiros exhortándoos a que
contendáis ardientemente por la fe que ha sido una
vez dada a los santos." (Judas 1:3 RVR 1960)

En el capítulo anterior establecimos que todo líder espiritual debe permanecer a los pies de Jesucristo si quiere sobreponerse a los embates del enemigo que procura desenfocarlo de la misión, hacerlo comprometer su lealtad y seducirlo a dejarse gobernar por los impulsos humanos. En el presente capítulo conoceremos la procedencia y naturaleza de los enemigos del evangelio, y cómo los ministros auténticos de Jesucristo pueden cumplir su obligación de defender la integridad del evangelio y lidiar con sus oponentes dentro y fuera de la Iglesia.

Sin dudas que preservar la integridad del evangelio de Jesucristo ha sido el más grande reto que ha enfrentado el liderazgo cristiano desde los tiempos apostólicos. Es en el tiempo presente cuando la iglesia de Jesucristo se está enfrentando a la etapa final en su batalla por la integridad del evangelio. Lo que vemos hoy es para quedar pasmados e indignados por el daño que la predicación de *"otro"* mensaje está provocando a la causa del evangelio y al cuerpo de Cristo. Con las siguientes palabras describió el apóstol Pablo su sorpresa en la carta a los creyentes de Galacia[62]: *"Estoy maravillado de que tan pronto os hayáis alejado del que os llamó por la gracia de Cristo, para seguir un evangelio diferente"* (Gálatas 1:6 RVR 1960). Hoy estamos asistiendo a un momento de la historia humana donde los no creyentes que quieren buscar a Dios no saben en cuál evangelio creer. El apóstol Pablo decía: *"No que haya otro[63] [evangelio], sino que hay algunos que perturban y quieren pervertir el evangelio de Cristo."* (Gálatas 1:7 LBLA). Es muy probable que la falta de unidad de los seguidores de Jesucristo haya favorecido la proliferación de *ministros perturbadores* que han concebido y cocinado su propio evangelio con insumos e ingredientes de la Palabra de Dios. Estos están predicando *"otro evangelio"*, un híbrido sincrético muy distante en esencia, más no necesariamente en forma, del verdadero evangelio de Jesucristo.

Preparándose para la sucesión de su liderazgo, el apóstol Pablo advirtió a su discípulo Timoteo diciéndole: *"...vendrá tiempo cuando no sufrirán la sana doctrina, sino que teniendo comezón de oír, se amontonarán maestros conforme a sus propias concupiscencias, y apartarán de la verdad el oído y se volverán a las fábulas."* (2 Timoteo 4:3, 4 RVR 1960). Hoy somos testigos del cumplimiento de esta advertencia en muchas iglesias llamadas cristianas en toda América Latina.

No es necesario investigar demasiado para la comprobación de esta patente realidad pues gracias a los avances de la tecnología informática, al desarrollo de los medios electrónicos de

---

[62] Región del Asia Menor, convertida en provincia romana en el año 26 a.C. Sus pobladores eran inmigrantes provenientes de las tribus Galias (celtas) del centro de Europa. Los galos de Asia conservaron mucho del carácter voluble de la raza gálica (ej. Gálatas 1:6; 5:7). *Diccionario de la Santa Biblia*, Editorial Caribe, 246.

[63] En Gálatas 1:7, cuando el apóstol Pablo dice: *"No que haya otro"*, emplea la palabra griega *"Allos"* para referirse a que el evangelio de Jesucristo es uno solo y no existe otro de la misma clase y esencia. Cualquier evangelio, diferente al que Pablo predicaba, es un invento de mentes humanas que han prestado sus oídos a espíritus engañadores, con el objetivo de perturbar a los que creen.

comunicación, a la universalización de los servicios de TV vía satélite y cable, así como a la masificación de contenido audiovisual a través de la internet, podemos tener acceso a toneladas de programas y videos donde no es extraño ver a *"ministros de Satanás disfrazados como ministros de justicia"*, predicando un evangelio diferente. Esto no debe extrañarnos pues el apóstol Pablo afirmó que *"el mismo Satanás se disfraza como ángel de luz."* (2 Corintios 11:14, 15 RVR 1960)

Casi en todos los medios de comunicación masiva, muchos *líderes adulterados* y *obreros fraudulentos* han conseguido su espacio y logrado un sorprendente posicionamiento, dado que mucha gente los admira, pues suponen que son auténticos ministros de Jesucristo (ver 2 Corintios 11:14, 15). Obviamente, todos sabemos que, en muchos casos, se trata de *"líderes extraviados de la verdad"* y fabricantes de fábulas a quienes nuestro adversario está utilizando con la siniestra finalidad de extraviar a los creyentes de su *"sincera fidelidad a Cristo"* (ver 2 Corintios 11:3).

Los líderes que estamos seguros de haber recibido un auténtico llamado de parte de Dios tenemos la responsabilidad de defender la fe, de amonestar con amor y, si fuere necesario, de separarnos de todos los ministros y ministras que pervierten las verdades fundamentales del evangelio de Jesucristo y han reducido el ministerio cristiano a un medio para el beneficio personal y económico. Respecto a esto mismo, el apóstol Pablo aconsejó a los creyentes en Roma diciéndoles: *"Os ruego que os fijéis en los que causan divisiones y tropiezos[64] en contra de la doctrina que vosotros habéis aprendido, y que os apartéis[65] de ellos. Porque tales personas no sirven*

[64] La palabra griega utilizada por Pablo es *Skandala*, originalmente el nombre de la parte de una trampa en la que se ponía el cebo. Metafóricamente se refiere al acto de enseñar cosas contrarias a la sana doctrina. W.E. Vine, *Diccionario Expositivo de Palabras del Nuevo Testamento* (Barcelona: CLIE, 1984).
[65] La palabra griega que aparece aquí es *Ekklinete*, y la utilizó Pablo para referirse a no seguir su juego, evitarlos y apartarse del camino que llevan. W.E. Vine, *Diccionario Expositivo de Palabras del Nuevo Testamento*

a nuestro Señor Jesucristo, sino a sus propios vientres[66], y con suaves palabras y lisonjas engañan los corazones de los ingenuos" (Romanos 16:17, 18 RVR 1960).

La postura que debemos asumir ante una realidad tan evidente, es la misma que asumió el apóstol Pablo frente a los tergiversadores del evangelio en su época. Así le escribió a los Gálatas: *"...si aún nosotros, o un ángel del cielo, les anunciare otro[67] evangelio diferente al que hemos anunciado, sea anatema... Si alguno les predica diferente evangelio del que habéis recibido, sea anatema."* (Gálatas 1:8, 9 RVR 1960) ¡No te confundas con las apariencias! Aunque veas por todos los medios muchos líderes cristianos con ministerios influyentes y muy bien posicionados, si no están predicando el único y verdadero evangelio de Jesucristo, están bajo maldición, aunque los veas aparentemente "bendecidos, prosperados y en victoria".

Pablo decía que se agolpaba cada día en él una preocupación por todas las iglesias, y que se dolía e indignaba por cada persona que los falsos maestros hacían tropezar (ver 2 Corintios 11: 28, 29). Para promover y defender con mayor efectividad la integridad del evangelio, los líderes de este tiempo necesitamos perder el miedo, movernos de nuestra zona de comodidad y contender de manera más ardiente *"por la fe que ha sido una vez dada a los santos"* (ver Judas verso 3). Tenemos que conservar nuestra marca como auténticos ministros de Jesucristo (ver Gálatas 1:10) y seguir proclamando al mundo que el verdadero evangelio de Jesucristo no nos avergüenza, *"porque es poder de Dios para salvación a todo aquel que cree"* (Romanos 1:16 RVR 1960).

---

[66] Sus apetitos o los deseos desmedidos de su corazón, que constituyen su propio señor. *Thayer's Greek Lexicon* (STRONGS NT 2836: κοιλία) en: http://biblehub.com/greek/2836.htm

[67] La palabra griega utilizada por Pablo para referirse a *"otro"* evangelio diferente es *Heteros* que expresa una diferencia cualitativa y denota otro de clase y esencia diferentes. Desde luego, esto justifica su solemne sentencia: sea maldito (anatema) todo aquel que predica un evangelio diferente al único y verdadero evangelio de Jesucristo.

Los líderes cristianos auténticos debemos sentir la misma indignación que sentía el apóstol Pablo por la cantidad de creyentes sinceros que estos *embaucadores modernos* están haciendo tropezar. No podemos quedarnos impasibles. Es cierto que muchos líderes genuinos están haciendo esfuerzos para contrarrestar esta *"oleada de evangelios a la medida"*, pero no ha sido posible contenerla de manera eficaz, pues los esfuerzos han sido por iniciativas aisladas más no corporativas.

La realidad que tenemos hoy es un reflejo, no sólo de que los esfuerzos han sido insuficientes y con escasa efectividad, sino de que los objetivos, enfoques, estrategias, agentes y las armas empleadas hasta ahora, han sido infructíferos en cuanto a desarrollar en la iglesia de Jesucristo una capacidad de incidencia que sea indetenible. Sabemos que esta es una batalla con huestes espirituales de maldad, pero el Señor Jesucristo dijo: *"las puertas del infierno no prevalecerán contra mi iglesia"* (ver Mateo 16:18).

Nadie puede ocultar que, en las décadas más recientes, muchos ministros cristianos han estado concibiendo las iglesias locales donde sirven como fines en sí mismas, y no como medios para que el reino de Dios sea extendido y para que los seres humanos se reconcilien con su Creador, aunque en algunos lugares éste ha sido el pretexto. Tristemente, tales líderes han estado llevando a cabo sus propias visiones y han perdido mucho tiempo haciéndose para sí mismos un nombre, y edificando para sus iglesias un nicho en el mercado del cristianismo, dentro y fuera de sus países. Los más sagaces están erigiendo imperios ministeriales, conformándose a los enfoques, estrategias, mecanismos y estructuras que distinguen a los sistemas de este siglo.

En la actualidad, las iglesias cristianas siguen tan atomizadas como hace treinta años, y quizá esta sea la esencia de todo el asunto. Como en Corinto, se puede escuchar en las iglesias de hoy: *"Yo soy de Pablo, yo de Apolos, yo de Pedro, yo de Cristo"* (ver 1 Corintios 1:12), sin estar dividido Jesucristo. Aunque los líderes cristianos de este tiempo dicen tener su creencia en un mismo Cristo, cada denominación o grupo al que pertenecen interpreta de manera distinta las enseñanzas del Maestro, lo que ha dado vigencia a la intolerancia religiosa entre nosotros mismos y creado cierto "*etnocentrismo*[68] *denominacional*".

En definitiva, esto ha impedido la unificación de los creyentes en torno a Jesucristo y, prácticamente, fragmentado la voz de Dios en grandes parcelas ministeriales. Me temo que, como a Eva al principio, el maligno haya distraído a muchos líderes cristianos de este tiempo y engañado sus sentidos respecto a la verdadera trascendencia de su llamado y vocación.

SELAH...
Al cierre de este capítulo, eleva nuevamente tu corazón al Señor y ríndete a la ministración de su Espíritu.

Dios te ha puesto en el territorio donde estás para que colabores en la misión de su Iglesia, que consiste en: glorificar al Señor, edificar el cuerpo de Cristo y alcanzar a los que se pierden. Responde para ti mismo las siguientes preguntas:

1. ¿Cuáles son las acciones que estoy llevando a cabo actualmente para que la iglesia o ministerio donde sirvo se mantenga en continuo alineamiento con la intención original del Padre expresada en su Palabra?

2. ¿Estoy afanado en hacer mi persona y ministerio cada día más visible y atrayente al público, o estoy haciendo lo necesario para que, a través de mí, el Salvador del mundo

---

[68] Adaptando este término de la Antropología, se podría decir que el "*Etnocentrismo Denominacional*" es una postura mental que hace de la doctrina propia el criterio exclusivo para comprender como encontrarse con Dios, hacer su voluntad, entender su Palabra, ser una verdadera iglesia, predicar el evangelio e interpretar las profecías.

se haga cada vez más visible y relevante para los que se pierden?

Prepárate ahora para adentrarte en el siguiente capítulo donde podrás conocer, desde la perspectiva bíblica, una de las cualidades más poderosas del carácter de un líder espiritual: la transparencia.

Capítulo 9

LIDERAZGO Y TRANSPARENCIA

"...si vuestra justicia no fuere mayor que la de los escribas y fariseos, no entraréis en el reino de los cielos." (Mateo 5:20 RVR 1960)

En el capítulo anterior establecimos que los líderes llamados por Dios tienen la responsabilidad de contender ardientemente por la integridad del evangelio, de amonestar en amor a los extraviados de la fe y separarse de los ministros y ministras que pervierten las verdades fundamentales del evangelio de Jesucristo y se lucran con el ministerio cristiano. En el presente capítulo exploraremos una de las cualidades más relevantes del carácter de Jesús y de su práctica ministerial como enviado de Dios y como líder.

A principios del año 2013, el Grupo Barna presentó los resultados de una investigación que realizó sobre la conducta de los cristianos en los Estados Unidos de América. Los seguidores de Jesucristo son generalmente blanco de críticas porque, según la percepción del público (creyente y no creyente), en una buena parte de las iglesias cristianas de ese país concurren muchas personas consideradas como hipócritas. El estudio[69] se realizó entre personas identificadas

---

[69] Puede acceder a los resultados completos del estudio y su interpretación (sólo está disponible en inglés) en: https://www.barna.com/research/christians-more-like-jesus-or-pharisees/

abiertamente como cristianas, con la finalidad de medir el grado de certeza de esa percepción y determinar si las acciones y las actitudes de los cristianos de hoy se asemejan más a las de Jesús o a las de los fariseos.

Se entrevistaron 1.008 personas mayores de dieciocho años en todos los estados. De éstas, 718 (71%) se identificaron abiertamente como cristianos. A los entrevistados se les hicieron treinta preguntas. Veinte de ellas apelaban a las actitudes y el comportamiento de Jesús, y diez a las acciones y actitudes características de los fariseos. En cada pregunta, los entrevistados tenían que indicar si estaban de acuerdo o en desacuerdo con lo planteado en las mismas. Una vez obtenidas las respuestas los entrevistados fueron agrupados en las siguientes categorías:

1. **Son como Jesús tanto en actitud como en acción.**
2. Son como Jesús en acción pero no en actitud.
3. **Son como Jesús en actitud pero no en acción.**
4. Son diferentes a Jesús tanto en actitud como en acción.

Los resultados revelaron que a la mayoría (51%) de los que se identificaron abiertamente como cristianos, sus respuestas los colocaron en la categoría de personas que son **diferentes a Jesús tanto en actitud como en acción**. Es decir, en el renglón de personas que se caracterizan por mostrar actitudes y evidenciar acciones propias de la conducta de los fariseos: personas que predican una cosa y viven otra.

Del restante 49% de los identificados abiertamente como cristianos los resultados fueron:

⇨ 14% (1 de cada 7) tienen acciones y actitudes que se asemejan a las de Jesús.

⇨ 21% (1 de cada 5) tienen actitudes propias de Jesús, pero sus acciones son propias de los fariseos.

⇨ 14 % (1 de cada 7) actúan como Jesús, pero parecen estar motivados por actitudes farisaicas.

David Kinnaman, presidente del Grupo Barna y quien dirigió el proyecto de esta investigación, compartió su conclusión final al ver los resultados de su estudio, diciendo: *"...la cuestión de la fe auténtica – es un tema particularmente doloroso para muchos Millennials[70] – que a menudo salen de la iglesia debido en gran parte a la hipocresía que experimentan. De la misma manera que el escritor del Nuevo Testamento Pablo lo demuestra en Gálatas 2:11-16, la responsabilidad de la comunidad cristiana es desafiar la hipocresía con igual audacia conque desafía otros tipos de pecados"[71].*

Estemos o no estemos de acuerdo con los resultados de este estudio, los mismos pudieran ser el reflejo de una seria realidad que afecta a las iglesias cristianas no sólo en los Estados Unidos de América sino en toda Hispanoamérica. Independientemente de esto, la sentencia del Maestro fue contundente y solemne al decir a sus discípulos: *"...si vuestra justicia no fuere mayor que la de los escribas y fariseos, no entraréis en el reino de los cielos."* (Mateo 5:20 RVR 1960)

Jesús dijo a sus discípulos: *"Guardaos de la levadura de los fariseos y de los saduceos."* (Mateo 16:6 RVR 1960). Al principio, los discípulos no comprendieron lo que el Maestro quería decirles con esta declaración, pero luego entendieron que, con esa metáfora, les había dejado dicho que evitaran ser corrompidos con la doctrina de estos grupos religiosos. En Las Escrituras, la levadura está siempre asociada a corrupción, a la modificación artificial de una condición para mostrar una consistencia que no se tiene. En definitiva, Jesús les aconsejó que evitaran aparentar una cosa y, en verdad, ser otra diferente.

---

[70] Se llama *Millennials* a la generación de todos los jóvenes que llegaron a la vida adulta en el año 2000. Forman el grupo con mayor descontento político y religioso de los últimos años. La tecnología informática, los teléfonos inteligentes y las redes sociales son herramientas de la cotidianidad de esa generación.

[71] En: https://www.barna.com/research/christians-more-like-jesus-or-pharisees/

El evangelista Mateo recogió, en el capítulo 23 de su libro, las palabras de Jesús en las que tipificó la levadura de los fariseos, saduceos (y escribas por supuesto) como una doctrina en la que los líderes:

1. Son cuidadosos en guardar las formas y cuidar la apariencia, sin tener una vigilancia igual de cuidadosa sobre la esencia (v.2).

2. Son rigurosos en reclamar a la gente que muestre indicadores de una vida piadosa, pero ellos mismos son la antítesis de cómo se vive piadosamente (v.4).

3. Tienen una práctica ministerial inclinada hacia una conducta exhibicionista, con la que pretenden alcanzar espacios de relevancia y reconocimiento público (vv. 5-7).

4. Muestran inconsistencia entre el mensaje que predican y su vida práctica, convirtiéndose esto en un estorbo para los que quieren buscar con sinceridad a Dios (v. 13).

5. Se valen de su autoridad espiritual para manipular las conciencias y explotar la fe sincera de los más vulnerables (v. 14).

6. Son una influencia tan perniciosa para los que están bajo su liderazgo, que éstos terminan corrompiéndose más de lo que estaban cuando se hicieron sus seguidores (v. 15).

7. Tienen una visión reducida de dónde radica el verdadero valor de las cosas, por su mentalidad avariciosa (vv. 16-19).

8. Descuidan la esencia de la verdadera religión, y se concentran en los detalles menos transcendentes de la misma (vv. 23, 24).

9. Disfrazan su corrupción, inmundicia e iniquidad interior con una apariencia de justicia en lo exterior (vv.25-28).

10. Procuran exhibir su propia justicia y mostrar una condición espiritual superior a la que alcanzaron los que les precedieron como líderes (vv. 29-32).

Todo esto habla de falta de sinceridad y transparencia, y de un cinismo donde la mentira y el engaño se conjugan sin ningún tipo de miramientos. Cuando Jesús comparaba la doctrina de los fariseos y saduceos con levadura, no se estaba refiriendo a la esencia de la predicación de éstos, sino a la inconsistencia entre lo que predicaban y lo que en la práctica hacían. Él mismo recomendó a sus discípulos que hicieran y observaran todo lo que sus líderes religiosos les dijeran, pero que no los imitaran en su vida espiritual y personal, pues ellos no vivían lo que predicaban. Jesús llamó hipocresía a este tipo de comportamiento (ver Lucas 12:1).

Jesús también dijo a sus discípulos que se guardaran de la levadura de Herodes[72] (ver Marcos 8:15). Este rey, mejor conocido como Herodes Antipas[73] oyó de la fama de Jesús y procuraba verle. Algunos de los fariseos decían que quería matarle por creer que se trataba de Juan el Bautista resucitado. A este gobernante romano el Maestro lo llamó *zorra* por ser un hombre perverso y astuto (ver Lucas 13:31, 32). La levadura de Herodes consistía en un pragmatismo político-religioso que se caracterizaba por procurar quedar bien con todo el mundo para cuidar una posición social o de poder, valiéndose de la entrega de dádivas y la concesión de favores. Herodes ofreció la mitad de su reino a la hija de Herodías por haberle complacido con una danza sensual, de modo que eso le hiciera consolidar su relación ilícita y enfermiza con su cuñada (ver Marcos 6:21–23). Este era un hombre ambicioso y amigo de la suntuosidad y la pompa. Su padre, Herodes el Grande, había reconstruido el templo de los judíos para ganarse su favor en términos sociales y políticos. ¡De tal palo, tal astilla!

Todos los líderes cristianos de hoy que predican una cosa y viven otra, siendo rigurosos en cuidar las formas y guardar las apariencias, descuidando la esencia de una vida piadosa y humilde

---

[72] Se refería a Herodes Antipas, el tetrarca gobernador de Galilea y Perea, quien hizo decapitar a Juan el Bautista. *Diccionario Bíblico Ilustrado*. CLIE, 481-483.

[73] En griego significa *El retrato de su padre*. *Diccionario Bíblico Ilustrado*. 483.

para con Dios, tienen un carácter que ha sido fermentado con la levadura de los fariseos y saduceos. De igual manera, todos los que se ocupan en guardar la escrupulosidad religiosa, al tiempo que usan su astucia para traficar con influencias humanas, así como aquellos que intentan comprar la lealtad de las personas en base a favores, y les gusta el aparataje, el esplendor y la suntuosidad, tienen un carácter que ha sido fermentado con la levadura de Herodes.

La transparencia es consustancial con la verdad y la luz, temas que son muy bien tratados por distintos autores en toda la palabra de Dios. Entre los antiguos judíos se acostumbraba a hacer juramentos tanto ante las autoridades debidamente constituidas para ser testigos de un acto o confirmar la verdad, o entre individuos como una manera de garantizar el cumplimiento de un compromiso. En el Sermón de la Montaña Cristo prohibió el juramento[74] entre individuos, estableciendo el principio de que la palabra de una persona debe ser verdadera desde la primera vez, sin tener que hacer apelación a terceros para que sean testigos, o poner la cabeza en juego ante el incumplimiento de la palabra empeñada (ver Mateo 5:37).

El mimetismo de algunos líderes cristianos

El mimetismo es una habilidad que poseen ciertos seres vivos de asemejarse a otros organismos y a su propio entorno para obtener alguna ventaja funcional. Con esto engañan los sentidos de los otros animales que conviven en el mismo hábitat, induciendo en ellos una determinada conducta[75].

La Iglesia de Jesucristo, como conjunto de grupos humanos, no escapa a que en ella se manifieste este tipo de comportamiento especialmente a nivel de los equipos de liderazgo, donde se recurre a ello con la finalidad de adaptarse, mantenerse y sobrevivir en un determinado entorno ministerial. Los ministros o dirigentes

---

[74] Se infiere que se refería al juramento entre individuos para confirmar pactos o asegurar lealtad. *Diccionario Bíblico Ilustrado, 633.*

[75] Disponible en: https://es.wikipedia.org/wiki/Mimetismo

que adoptan comportamientos como los del Camaleón inducen el mimetismo en los líderes con quienes comparten el trabajo ministerial, y quizá sin intención lo promueven como un mecanismo *"legítimo"* para evitarse antipatías conseguir recomendaciones favorables, mantenerse siempre elegibles para ser tomados en cuenta y alcanzar posiciones de poder y autoridad en sus iglesias locales, instituciones o ministerios. Entre los líderes cristianos de este tiempo, este comportamiento es más común de lo que imaginamos. La mejor manera de prevenirlo y erradicarlo es promoviendo y modelando el carácter de Cristo en el liderazgo. En el Nuevo Testamento encontramos al menos dos precedentes de cómo dos líderes auténticos lidiaron con este tipo de comportamiento. Jesús confrontó a los fariseos cara a cara (ver Mateo 23) y el apóstol Pablo reprendió al apóstol Pedro en Antioquía. He aquí su propio relato: *"Pero cuando Pedro vino a Antioquía, me enfrenté a él cara a cara, porque lo que hacía era reprochable. Pues antes de que vinieran algunos de parte de Jacobo, comía con los no judíos; pero después que vinieron, se retraía y se apartaba, porque tenía miedo de los judíos. Y en su simulación participaban también los otros judíos, de modo que hasta Bernabé fue arrastrado también por la hipocresía de ellos. Pero cuando vi que no andaban rectamente y conforme a la verdad del evangelio, dije a Pedro delante de todos: «Si tú, que eres judío, no vives como los judíos sino como los no judíos, ¿por qué obligas a los no judíos a hacerse judíos?»"* (Gálatas 2:11–14 RVC). Tanto Jesús como Pablo abordaron este comportamiento de manera directa y con franqueza, indicando que tales actuaciones son reprochables en un líder cristiano que sea genuino. La tendencia entre los líderes cristianos de este tiempo es a no confrontarse, y cuando se tratan asuntos referentes a conductas inapropiadas se hace de manera tangencial[76] e indirecta, a menos que se trate de inconductas tan evidentes que no sean necesarias las pruebas.

---

[76] Se dice de una idea, cuestión o problema que sólo parcial y no significativamente se refiere a algo. *Diccionario de la Real Academia de la Lengua Española*, edición del Tricentenario, 2013.

Los líderes cristianos auténticos deben actuar siempre como *medios de contraste*[77] para sus pares donde quiera que estén sirviendo. Jesucristo fue un medio de contraste para el liderazgo de los fariseos por no vivir lo que predicaban (Mateo 23). Pablo fue un medio de contraste para el liderazgo de Pedro cuando observó en él un comportamiento que catalogó como simulación e hipocresía (ver Gálatas 2:11–14). Adaptarse al entorno, disfrazarse y mimetizarse para conservar puestos de poder y sobrevivir en una iglesia, ministerio o institución es una manera de engañar y de mentir. Tales prácticas no proceden del Padre celestial sino del maligno, y los que muestran tales inconductas necesitan arrepentirse y apartarse de sus malos caminos para alcanzar Su misericordia.

SELAH...

Al cierre de este capítulo, eleva nuevamente tu corazón al Señor y ríndete a la ministración de su Espíritu.

Respondiendo para ti mismo las siguientes preguntas, podrás estimar tu grado de opacidad o transparencia en tu vida personal y en tu práctica ministerial:

1. ¿Puede la gente apreciar sin distorsión el carácter de Cristo a través de mí?
2. ¿Proyecto dualidad o doble ánimo en mis relaciones, conductas e intenciones?
3. ¿Hay ambigüedad en mis sentimientos, motivaciones, pensamientos y acciones?

---

[77] En los estudios médicos de Resonancia Magnética, algunos exámenes requieren de un tinte especial llamado medio de contraste, el cual se administra por vía intravenosa. El medio de contraste ayuda al radiólogo a observar ciertas zonas más claramente. Disponible en: https://medlineplus.gov/spanish/ency/article/003335.htm

4. Los registros financieros de mi iglesia o ministerio, ¿resisten una auditoría externa independiente?

5. ¿Me sentiría preocupado si las informaciones financieras de mi iglesia o ministerio tuvieran que ser de dominio público?

6. ¿Me sentiría aturdido si prensa hostil demandara información sobre el desempeño financiero de mi iglesia o ministerio?

Como una carta abierta, tanto los creyentes como los no creyentes deben poder leer a Cristo en ti y en tus manejos como ministro de Jesucristo, por lo que estás compelido a proyectar una imagen adecuada del carácter de Cristo tanto en el ser como en el andar. La falta de transparencia es algo que no se puede ocultar por tiempo indefinido. Aunque parezca improbable, las ovejas notan y son desilusionadas cuando hay fuga de integridad en el carácter y en la práctica ministerial de sus líderes.

Prepárate ahora para adentrarte en el siguiente capítulo, donde serás ministrado sobre el llamado que te hace el Señor para que mantengas una comunión tan íntima con él, que tu ser pueda experimentar continuamente renovación y transformación espiritual profunda.

Capítulo 10

LIDERAZGO Y TRANSFORMACIÓN

"...transformaos por medio de la renovación de vuestro entendimiento, para que comprobéis cuál sea la buena voluntad de Dios, agradable y perfecta." (Romanos 12:2 RVR 1960)

En el capítulo anterior establecimos que la transparencia fue una de las cualidades más relevantes del carácter y el ministerio terrenal de Jesús. Todo líder espiritual auténtico debe poner en evidencia esta cualidad distintiva de su Maestro en su vida y ministerio. El presente capítulo es una reflexión basada en los primeros tres capítulos del libro de Apocalipsis. En el mismo nos proponemos resaltar el llamado al arrepentimiento y a la renovación que el Señor de la Iglesia hace a sus ministros.

Es nuestra recomendación que antes de adentrarte en esta parte del libro te tomes un tiempo para leer los capítulos uno, dos y tres del libro de Apocalipsis. La razón es obvia, además de que no disponemos del espacio para transcribir esas porciones de Las Escrituras aquí, su lectura te ayudará a tener una mejor comprensión de las verdades bíblicas que aspiramos dejar sembradas en tu corazón sobre la importancia de la transparencia en la vida de un líder cristiano.

Sin duda que los tres primeros capítulos de este tratado escatológico del apóstol Juan constituyen un cuadro que describe, de manera enfática, la realidad de que el Dios Eterno es el Señor de la Iglesia. Él la conoce profundamente y sabe cuáles son sus fortalezas y debilidades. El apóstol Juan nos relata la alabanza que Jesucristo hizo de las cosas buenas que destacaron a las iglesias locales del Asia Menor, pero también detalla cómo él censura y amonesta a sus líderes sobre lo que no le agrada en ellas, enfatizando la necesidad de contrición, confesión, arrepentimiento y cambio verdadero.

Es interesante y grato ver cómo muchos líderes cristianos muestran genuino interés y se esfuerzan para que cada año se produzcan cambios significativos en sus iglesias, aunque no podemos aseverar que están lo suficientemente claros sobre cuáles son las dimensiones en que deben producirse esos cambios, ni de la magnitud, alcance e impacto de los mismos. De lo que sí estamos conscientes es que la Iglesia de Jesucristo en toda Hispanoamérica necesita recalibrar su perspectiva y mantenerse en un constante proceso de transformación y santificación, pues él quiere presentarla a sí mismo *"como una iglesia radiante, sin mancha ni arruga ni ninguna otra imperfección, sino santa e intachable"* (Efesios 5:27 NVI).

En el afán por alcanzar un grado de madurez y perfeccionamiento ministerial óptimo se debe evitar caer en la tentación de movilizar recursos espirituales, humanos y económicos para producir cambios superficiales y modificaciones cosméticas, puramente programáticas. Cambios de forma y estilo que entrampan a las iglesias en olimpíadas denominacionales que sólo generan visibilidad ante los hombres y ganancia de imagen y posicionamiento, pero que contribuyen muy poco a elevar sus niveles de eficiencia y efectividad como cuerpo.

Estos tres capítulos del Apocalipsis nos describen cómo Jesucristo llamó a estas iglesias a auto analizarse de manera profunda en términos espirituales. Este es un llamado que Él ha venido reiterando durante toda la historia de la Iglesia, a través de su Palabra. Nuestro Dios anhela que las iglesias en cada pueblo, ciudad, estado, provincia y nación experimenten transformación espiritual de manera continua. Este proceso de cambio debe comenzar con la renovación de los modelos mentales de los hombres y las mujeres que tienen el liderazgo de la grey de Dios bajo su responsabilidad, porque lo que haya en la mente de ellos pautará su conducta, como lo afirma el proverbista: *"como [el ser humano[78]] piensa dentro de sí, así es"* (Proverbios 23:7 LBLA).

Si no son renovados los paradigmas mentales que están induciendo el comportamiento actual de los líderes cristianos, va a ser imposible que los mismos puedan ser usados por Dios para liderar los procesos de transformación congregacional que las iglesias del presente están necesitando. Liderar una iglesia o ministerio no es una empresa humana sino un proyecto espiritual de gran envergadura. El cambio que Dios está esperando en Su Iglesia va más allá del diseño de planes ministeriales de trabajo, de la renovación de su infraestructura física y del incremento de sus capacidades institucionales.

De nada servirán buenos planes de acción y actividades si no hay renovación y transformación espiritual en las vidas de los hombres y mujeres que tendrán a cargo su implementación. Te invito a repasar conmigo las claves para esa renovación, según lo plantea el Señor desde la isla de Patmos, en sus cartas a los líderes de las iglesias del Apocalipsis:

1. Nuestra visión de Jesucristo.

¿Cuál es el concepto que el liderazgo de este tiempo tiene de Jesucristo? De seguro que todos reconocemos que él es el Señor de la Iglesia, aunque debemos admitir que en muchas iglesias locales existen líderes que se enseñorean de sus iglesias, sin reparar en que con tal actitud están disputándole a Jesucristo la oportunidad de gobernar en ellas como único Señor. El hecho que situaciones como estas ocurran, confirma la realidad de que muchos líderes cristianos tienen un concepto reducido de lo que significa el señorío de Jesucristo como cabeza de la Iglesia. ¿Crees tú que ese Jesucristo

---

[78] Las palabras en [] son un énfasis del autor.

que vio Juan en la revelación que recibió es el que se ha mantenido como Señor absoluto en nuestras iglesias locales en los últimos quince años? Aunque nos sea causa de inmensa tristeza, tenemos que admitir que en muchos lugares del planeta ése Jesucristo que vio Juan ha sido suplantado por un *"jesucristo artificial"*, un sucedáneo que los mismos líderes han fabricado; un jesucristo que ellos manejan a su antojo, que está bajo su liderazgo y hasta bajo el gobierno de sus limitaciones, pasiones e intereses humanos.

Para que las iglesias y su liderazgo sean transformados a la manera de Dios es necesario reemplazar el *"cristo impostor"* por este Jesucristo que vio Juan. Un Jesucristo que anda en medio de su Iglesia, que es su soberano y fuente de sabiduría; su alimento, luz, fuerza, juez, voz, guía y gobernante; su consejero, cabeza y piedra angular. Cada líder cristiano auténtico necesita encontrarse diariamente con ése Jesucristo verdadero y profundizar su comunión con Él, a fin de conocerle en todas sus magnitudes y renovar el concepto que tiene de Él, para que Él les imparta visión sobre cómo ser dignos representantes suyos en la congregación de los santos, y que les pueda usar como instrumentos de honra, santificados y útiles, que sean canales adecuados para entregar a Su pueblo lo que reciben del cielo, como resultado de su andar diario con el Señor.

2. La necesidad de una renovación.

La renovación de la mente de *"el cuerpo de Cristo"* y de su liderazgo no es una opción sino una necesidad impostergable. Jesucristo se reveló a las iglesias de Apocalipsis con rostros diferentes, conforme a la situación y contexto particular de cada una. El mismo llamado al arrepentimiento y a la renovación que fue hecho a aquéllas iglesias, lo repite el Señor a las iglesias de nuestro tiempo. Esta renovación debe comenzar con la admisión y confesión de nuestras faltas como líderes y como pueblo del Señor, como lo hizo el profeta Daniel:

> *"Y volví mi rostro a Dios el Señor, buscándole en oración y ruego, en ayuno, cilicio y ceniza. Y oré a Jehová mi Dios e hice confesión*

*diciendo: Ahora, Señor, Dios grande, digno de ser temido, que
guardas el pacto y la misericordia con los que te aman y guardan
tus mandamientos; hemos pecado, hemos cometido iniquidad,
hemos hecho impíamente, y hemos sido rebeldes, y nos hemos
apartado de tus mandamientos y de tus ordenanzas"* (Daniel
9:3–5 RVR 1960).

En humillación sincera hemos de confesar nuestras rebeldías,
iniquidades, nuestro caminar indiferente y nuestra falta de
alineamiento con sus mandamientos y ordenanzas, lo que ha
derivado en resistencia pasiva al Espíritu Santo en la obra que él
quiere hacer en medio de su pueblo. Muchos de los que ahora están
leyendo estas páginas han sido líderes que han vivido diferentes
etapas de la historia de su iglesia local, y de seguro podrán recordar
la actitud que asumieron en las ocasiones en que el Espíritu Santo
intentó mover su iglesia hacia un proceso de renovación profunda,
pero ahora tienen que reconocer que ha sido mínimo lo que han
progresado esas iglesias en términos de transformación espiritual.
Podemos imaginar las lamentaciones del Maestro sobre ellas, como
se lamentaba el Señor sobre Jerusalén diciendo:

> *"¡Jerusalén, Jerusalén, que matas a los profetas y apedreas a los
> que son enviados a ti! ¡Cuántas veces quise juntar a tus hijos,
> como junta la gallina a sus polluelos debajo de sus alas, y no
> quisiste!" (Mateo 23:37 RVC)*

Reiteramos que la renovación espiritual continua es un
mandato solemne que el Señor da a las iglesias y a su liderazgo,
y no una opción. El no prestar atención y no arrepentirnos puede
acarrear consecuencias dolorosas sobre el pueblo y sobre los propios
líderes, como se advierte en los siguientes casos:

- **Éfeso**: *"Recuerda, por tanto, de dónde has caído, y arrepiéntete, y
haz las primeras obras; pues si no, vendré pronto a ti, y quitaré tu*

candelero de su lugar, si no te hubieres arrepentido." (Apocalipsis 2:5 RVR 1960). Esta es una llamada de atención por haber abandonado su primer amor y sus primeras obras.

• **Pérgamo**: *"Por tanto, arrepiéntete; pues si no, vendré a ti pronto, y pelearé contra ellos con la espada de mi boca."* (Apocalipsis 2:16 RVR 1960). Esta es una llamada de atención por permitir la permanencia entre el pueblo de promotores de doctrinas erróneas.

• **Tiatira**: *"Y le he dado tiempo para que se arrepienta, pero no quiere arrepentirse de su fornicación. He aquí, yo la arrojo en cama, y en gran tribulación a los que con ella adulteran, si no se arrepienten de las obras de ella"* (Apocalipsis 2:21, 22 RVR 1960). Esta es una llamada de atención por permitir que personas autoproclamadas como profetas desviaran a los creyentes de su sincera fidelidad a Jesucristo.

• **Sardis**: *"Sé vigilante, y afirma las otras cosas que están para morir; porque no he hallado tus obras perfectas delante del Señor. Acuérdate, pues, de lo que has recibido y oído; y guárdalo, y arrepiéntete. Pues si no velas, vendré sobre ti como ladrón, y no sabrás a qué hora vendré sobre ti"* (Apocalipsis 3:3 RVR 1960). Esta es una llamada de atención por descuidarse en obrar conforme a la voluntad que el Señor había revelado, y recurrir al híper activismo para ocultar su agonía espiritual.

• **Laodicea**: *"Por tanto, yo te aconsejo que de mí compres oro refinado en fuego, para que seas rico, y vestiduras blancas para vestirte, y que no se descubra la vergüenza de tu desnudez; y unge tus ojos con colirio, para que veas. Yo reprendo y castigo a todos los que amo; sé, pues, celoso, y arrepiéntete."* (Apocalipsis 3:3 RVR 1960) Esta es una llamada de atención por su *"bipolaridad espiritual"*, fluctuando entre el amor fervoroso y el letargo, además de su arrogancia y autosuficiencia.

Vale que nos preguntemos ¿Por cuánto tiempo más vamos a estar resistiendo y estorbando al Espíritu Santo en lo que él quiere hacer en nosotros como líderes y en las iglesias donde servimos? El tiempo es ahora para disponer nuestros corazones e invitarlo a ejercer el control absoluto y a retomar los planes que él se ha propuesto llevar a cabo a través de nosotros y en nosotros.

3. La posibilidad de una renovación.

¿Es factible un tipo de renovación como la que Jesucristo demanda? ¡Absolutamente! En toda expresión local del cuerpo de Cristo esta renovación será posible si se conjugan los siguientes factores:

a) Jesucristo es reconocido como el único Señor de la Iglesia.
b) Jesucristo es reconocido como el infalible pastor de su Pueblo.
c) Nuestras limitaciones e incapacidades son reconocidas con humildad delante de Él.
d) Nos volvemos a Él, andamos en su voluntad y nos rendimos a su gobierno absoluto.

Es ése reconocimiento de nuestra insuficiencia lo que moverá a nuestro Señor a compadecerse de nosotros, a ser paciente y darnos la oportunidad de confesar nuestras faltas, apartarnos de ellas y volvernos a Él. Sólo un regreso espontáneo de nosotros al Señor de la Iglesia puede liberar a nuestro favor tiempos de gran refrigerio, restauración y avivamiento espiritual:

> *"...arrepiéntanse y vuélvanse a Dios, para que sus pecados les sean perdonados y Dios haga venir sobre ustedes tiempos de alivio y les envíe a Cristo Jesús."* (Hechos 3:19, 20 RVC)

4. Los recursos para la renovación.

Otra razón por la que es factible la renovación que Dios quiere efectuar en nosotros y en Su pueblo, es que Él ha puesto a disposición nuestra todos los recursos necesarios para ello:

a) El **Espíritu Santo** – Este es el agente de la transformación. *"...el Espíritu Santo, a quien el Padre enviará en mi nombre, Él os enseñará todas las cosas, y os recordará todo lo que os he dicho"* (Juan 14:26 RVR 1960). Compárese Hechos 9:31.

b) La **Palabra de Dios** – La ley del Señor descubre y denuncia nuestra condición ante Él, pero también nos conduce por la ruta de la reconciliación. *"La ley de Jehová es perfecta, que convierte el alma; El testimonio de Jehová es fiel, que hace sabio al sencillo..."* (Salmo 19:7–11 RVR 1960). Compárese 2 Timoteo 3:16, 17.

c) Los **Recursos Espirituales y Humanos** – Son instrumentos y herramientas que el Señor ha dispuesto para que agreguen valor significativo en los procesos de cambio. *"...hay diversidad de dones, pero el Espíritu es el mismo; hay diversidad de ministerios, pero el Señor es el mismo; y hay diversidad de operaciones, pero Dios que hace toda las cosas en todos es el mismo"* (1 Corintios 12:4–6 RVR 1960). Compárese Efesios 4:11–16.

SELAH...

Al cierre de este capítulo, eleva nuevamente tu corazón al Señor y ríndete a la ministración de su Espíritu.

Retornar al estándar de Dios para el liderazgo espiritual y experimentar renovación interior involucra procesos nada fáciles que implican negación propia, autodisciplina y la toma de valientes decisiones. Debe servirnos de aliento el poder comprender que ésa es una batalla en la que hemos vencido ya, pues el que está en nosotros es más poderoso que el que está en el mundo (ver 1 Juan 4:4). Te verás en múltiples situaciones contra las que tendrás que luchar en tu interior y en tu contexto externo, y habrá riesgos que tendrás que asumir de manera inteligente y controlada. Además habrá un precio inherente al proceso que deberás estar dispuesto a pagar.

Pide al Señor Jesucristo que mantenga ardiendo en ti el fuego de tu llamado y vocación, que retire de tu carácter cualquier ribete de cobardía, y que haga evidente en ti el espíritu de poder, amor y temperancia que has recibido de Él (ver 2 Timoteo 1:7–11). Las siguientes palabras del Señor a Josué también son relevantes para cada uno de nosotros hoy:

"Esfuérzate y sé valiente, porque tú serás quien reparta a este pueblo, como herencia, la tierra que juré a sus padres que les daría. Pero tienes qué esforzarte y ser muy valiente. Pon mucho cuidado y actúa de acuerdo con las leyes que te dio mi siervo Moisés. Nunca te apartes de ellas, ni a la derecha ni a la izquierda, y así tendrás éxito en todo lo que emprendas. Procura que nunca se aparte de tus labios este libro de la ley. Medita en él de día y de noche, para que actúes de acuerdo con todo lo que está escrito en él. Así harás que prospere tu camino, y todo te saldrá bien. Escucha lo que te mando: Esfuérzate y sé valiente. No temas ni desmayes, que yo soy el Señor tu Dios, y estaré contigo por donde quiera que vayas." (Josué 1:6–9 RVC)

Prepárate ahora para adentrarte en el siguiente capítulo, donde podrás explorar las dimensiones del liderazgo espiritual auténtico, y comprender sus implicaciones para tu vida y ministerio.

Capítulo 11

LIDERAZGO ESPIRITUAL AUTÉNTICO

"No puede el Hijo hacer nada por sí mismo, sino lo que ve
hacer al Padre; porque todo lo que el Padre hace, también
lo hace el Hijo igualmente." (Juan 15:19 RVR 1960)

En el capítulo anterior establecimos que el Dios Altísimo anhela que las iglesias locales y sus líderes, en todos los rincones del planeta, experimenten transformación espiritual a la manera de Dios y de forma continua. También dijimos que la verdadera transformación comienza con la renovación de los modelos mentales de los hombres y las mujeres que tienen el liderazgo como su llamado y vocación en la Iglesia. En el presente capítulo desempacaremos el concepto *Liderazgo Espiritual Auténtico*, como el enfoque y práctica de liderazgo que es más consistente con el modelo de Jesús, y expondremos el cambio cultural que su adopción implica para el ministerio cristiano de este tiempo.

Mucho antes que autores del mundo secular como Bill George[79] y Fred Walumbwa[80] introdujeran, estudiaran y desarrollaran el concepto del *liderazgo auténtico*, a partir de una construcción teórica empírica que fue validada durante la primera década del

---

[79] Profesor de la Escuela de Negocios de la Universidad de Harvard.
[80] Director de la Escuela de Gerencia Global y Liderazgo de la Universidad del Estado de Arizona.

presente siglo, éste era un concepto práctico que el Dios Eterno venía promoviendo y desarrollando a partir de su intervención en la historia del pueblo judío y de la iglesia cristiana.

Para poder comprender a profundidad el concepto de liderazgo espiritual auténtico tenemos que distanciarnos de los enfoques humanistas propuestos desde las perspectivas de la filosofía y la psicología social, y recurrir a la palabra del Señor. Creemos que el liderazgo espiritual auténtico está enraizado en Dios mismo, quien con su encarnación y ministerio en el mundo, nos entregó un modelo perfecto para que podamos aprender a liderar con autenticidad.

Las Escrituras enseñan que nuestro Dios es un ser auténtico, que se muestra tal y como es, y que su actuar es consistente con su naturaleza y carácter. Cuando el profeta Moisés quiso saber su nombre, le respondió: *"YO SOY"* (ver Éxodo 3:13, 14). Nada describe mejor su carácter y naturaleza que el nombre con que se ha dado a conocer, y todas sus obras dan testimonio de que *"ÉL ES"*. Por eso mandó a Moisés que dijera a su pueblo, cuando sufría en Egipto: *"Yo soy me envió."* De Jesucristo dijo el apóstol Juan: *"...este es el verdadero Dios y la vida eterna"*[81]. Cuando algunos de los Judíos dudaban de si Jesús era el enviado del Señor, él mismo les dijo: *"A mí me conocéis, y sabéis de dónde soy; y no he venido de mí mismo, pero el que me envió es verdadero, a quien vosotros no conocéis. Pero yo le conozco, porque de él procedo, y él me envió.* (Juan 7:28, 29 RVR 1960).

El autor del libro a los hebreos nos dice: *"Dios, habiendo hablado hace mucho tiempo, en muchas ocasiones y de muchas maneras a los padres por los profetas, en estos últimos días nos ha hablado por su Hijo, a quien constituyó heredero de todas las cosas, por medio de quien hizo también el universo."* (Hebreos 1:1, 2 LBLA). Como la representación exacta del Dios invisible entre los humanos, Jesucristo es el verdadero y auténtico Dios. Es en él que podemos conocer Su esencia, carácter

---

[81] *"Y sabemos que el Hijo de Dios ha venido y nos ha dado entendimiento a fin de que conozcamos al que es verdadero; y nosotros estamos en aquel que es verdadero, en su Hijo Jesucristo. Este es el verdadero Dios y la vida eterna."* (1 Juan 5:20 LBLA)

y naturaleza, ya que en él habita corporalmente la plenitud del Dios Eterno (ver Colosenses 2:9). Jesucristo y el Padre son uno, de manera que verlo y conocerlo a él equivale a ver y conocer al Dios Eterno; esta es la esencia de la autenticidad. Se espera que una autenticidad de este calibre sea evidente en todo líder espiritual. Por esto el apóstol Pablo animaba a los creyentes a ser imitadores de Dios como sus amados hijos (ver Efesios 5:1).

Siguiendo esta línea de pensamiento, estamos definiendo el *Liderazgo Espiritual Auténtico* como:

> *"Un patrón de comportamiento que proyecta el carácter de Cristo, de la misma manera que el Hijo hace lo que ve hacer al Padre y proyecta su carácter y su esencia."*

Diremos también que *Liderazgo Espiritual Auténtico*:

> *"Es un estilo de liderazgo que es consistente con el modelo de liderazgo de Jesucristo donde la obediencia, la sencillez, la vida frugal y la entrega personal en servicio a favor de los demás son sus características más distintivas."*

Proyectar la esencia y el carácter de su Padre fue lo que hizo de Jesucristo un líder auténtico. Así para un líder espiritual ser considerado auténtico es necesario que proyecte la esencia y el carácter de Jesucristo. Un líder espiritual auténtico no es un semidios ni un iluminado, sino una persona mortal, que comete errores y es tan vulnerable como cualquier ser humano[82]. Es un pecador

---

[82] En su carta a los romanos capítulo 7, el apóstol Pablo reconoce que hay dos naturalezas batallando dentro de él cuando dice: *"Pues no hago el bien que deseo, sino que el mal que no quiero, eso practico. Y si lo que no quiero hacer, eso hago, ya no soy yo el que lo hace, sino el pecado que habita en mí. Así que, queriendo yo hacer el bien, hallo la ley de que el mal está presente en mí"* (vv. 19-21 LBLA). También reconoce su condición de vulnerabilidad, diciendo: *"¡Miserable de mí! ¿Quién me libertará de este cuerpo de muerte?"* (vv. 23 y 24 LBLA).

perdonado y salvado (libertado de la ley del pecado y restaurado en Jesucristo por la gracia y las misericordias del Señor) que se esfuerza cada día por renunciar a sí mismo y seguir a Jesucristo, imitándolo en su llamado, en la búsqueda de la voluntad de Dios y en el cumplimiento de Su propósito tanto en su vida personal como ministerial.

En adición a sus cualidades espirituales, los líderes auténticos son personas coherentes y disciplinadas que cultivan continuamente su desarrollo integral, reconociendo que su competencia viene de Dios y que sus resultados y realizaciones son posibles debido al poder del Señor que actúa en ellos. Asimismo, son personas que entienden que para ser eficaces deben desarrollar relaciones saludables de colaboración con las personas que Dios ha puesto a su lado, con quienes deberán complementarse para la edificación del cuerpo de Cristo y la construcción de ministerios fuertes y sostenibles.

Uno de los pilares más importantes del liderazgo espiritual auténtico es el mantenimiento de una comunión significativa e íntima con el Dios Eterno. Aunque los tiempos devocionales diarios son recomendables para cualquier creyente, los mismos pueden llegar a convertirse en rutinas artificiosas que sólo sirven para apaciguar el hambre espiritual de un líder cristiano, pero no pueden aportarle los nutrientes suficientes y necesarios para mantenerse en unión vital con Dios y conservar su capacidad de resistencia y vitalidad espiritual. Jesús pasaba tiempo de calidad con su Padre y esa práctica de conservación espiritual modeló a sus discípulos. Así lo registraron tres de los evangelistas:

1. *"Después de despedir a la multitud, subió al monte a solas para orar; y al anochecer, estaba allí solo."* (Mateo 14:23 RVR 1960)
2. *"Levantándose muy de mañana, cuando todavía estaba oscuro, salió, y se fue a un lugar solitario, y allí oraba."* (Marcos 1:35 RVR 1960)
3. *"Y después de despedirse de ellos, se fue al monte a orar."* (Marcos 6:46 RVR 1960)

4. *"Con frecuencia Él se retiraba a lugares solitarios y oraba."* (Lucas 5:16 RVR 1960)

Un líder espiritual auténtico evidencia estar más interesado en establecer comunión íntima con el Padre celestial para crecer en integridad espiritual, moral y madurar su carácter, que en alcanzar movilidad social, posiciones, estabilidad económica, acumular bienes materiales, crearse una imagen, promover su marca personal y ganar posicionamiento y prestigio. Un líder espiritual auténtico está preocupado por crecer en el conocimiento del Señor y en desarrollar sus capacidades y competencias espirituales para ser útil al Reino de Dios y hacer contribuciones significativas al cuerpo de Cristo. La unión vital con Jesucristo hace que un líder se parezca más a Él[83], causando una influencia extraordinaria en su entorno, haciendo que pueda mostrarse firme y flexible a la vez, pudiendo adaptarse a situaciones nuevas. Como su Maestro, muestra genuino interés por el desarrollo de las condiciones de liderazgo de los creyentes a quienes sirve.

En resumen, para los líderes espirituales poder ser considerados auténticos tienen que:

1. **Obedecer a su Señor por sobre todas las cosas** – Los profetas Samuel y Oseas resaltan que las ocupaciones ministeriales y el hacer la obra de Dios no pueden estar por encima de conocer al Señor, hacer su voluntad y agradarle, pues esto es comparable con la rebeldía y la obstinación, que son modalidades de idolatría (ver 1 Samuel 15:22; y Oseas 6:6).

2. **Mantenerse humildes delante de Él, sin jactarse acerca de sus prácticas espirituales y su devoción a Dios** – El profeta Miqueas y el apóstol Pablo destacan que Dios se complace en los siervos y siervas que son justos, misericordiosos y

---

[83] Jesús dijo *"Un discípulo no está por encima de su maestro; mas todo discípulo, después de que se ha preparado bien, será como su maestro."* (Lucas 6:40 LBLA)

humildes para con Él, quienes reconocen que las grandes obras del Señor tienen éxito debido a Su infinito poder y no a las cualidades, capacidades, competencias, habilidades y destrezas de sus instrumentos (ver Miqueas 6:8; y 1 Corintios 1:27–29).

3. **Esforzarse en imitar a su Maestro en carácter y compromiso** – La cualidad más destacada del carácter de Cristo fue su condición de siervo. Cuando sus discípulos disputaban entre ellos quien sería el mayor, les dijo que él estaba entre ellos como el que sirve por lo que quien entre ellos quisiera ser el mayor debía considerarse como el más pequeño, y el que ostentara la posición más relevante debía considerarse como el servidor de todos (ver Marcos 10:45 y Lucas 12:24–27). El apóstol Pablo animó a los creyentes a ser imitadores de Dios y de Cristo, demostrándoles que tal cosa era perfectamente factible, pues él mismo era su referente más cercano (ver Efesios 5:1 y Filipenses 2:5–8). Al final de nuestra carrera, cuando veamos a Jesucristo en su manifestación gloriosa seremos semejantes a Él. Mientras estamos en este mundo, imitarlo a Él es el proceso obligado de adiestramiento para llegar a la meta de ser semejantes a Él (ver 1 Juan 3:2).

4. **Enfocarse en agradar a Dios y no a los hombres** – El apóstol Pedro dijo al sumo sacerdote ante el concilio: *"Es necesario obedecer a Dios antes que a los hombres"* (Hechos 5:29 RVR 1960). La expresión *"antes que a los hombres"* incluye a uno mismo y a cualquier otro ser humano. Todo líder espiritual que procura agradar a los hombres y ganarse su favor no está actuando como un auténtico siervo de Cristo (ver Gálatas 1:10). Asimismo, todo aquél que sirve en el ministerio buscando ser atractivo y agradable ante los ojos de los hombres está desorientado respecto a la voluntad del Señor. Se puede hacer creer a los creyentes que nuestro trabajo en el ministerio se enfoca en agradar a Dios, pero es imposible engañar al que prueba los corazones (ver 1

Tesalonicenses 2:4). Al Dios Eterno le agrada todo lo que glorifica a su Hijo Jesucristo. Los líderes espirituales auténticos procuran hacer las obras que complacen a Dios, tanto en su vida personal como ministerial, y no admiten que expectativas humanas (incluyendo las propias) les hagan extraviarse de su obediencia y sincera fidelidad a Jesucristo.

5. **Ser fieles y leales a la Palabra de Dios** – La fidelidad y lealtad a la palabra del Señor está referida, primeramente, a usarla y trazarla bien (ver 2 Timoteo 2:15). Esto es, a circunscribirse al sentido del texto y a la intención original de los autores, aceptando con humildad que ningún texto de Las Escrituras tendrá para nosotros hoy un mensaje distinto al que fue enviado por Dios a sus destinatarios originales, y evitando ser selectivos[84] en la exégesis. En segundo lugar, todo líder espiritual auténtico nunca mercantilizará la Palabra de Dios ni la mezclará con simulaciones para el lucro económico o espiritual (ver 2 Corintios 2:17). Respecto a esto, el apóstol Pablo se defendió ante los corintios diciéndoles: "...renunciamos a lo oculto y vergonzoso, no andando con astucia ni adulterando la palabra de Dios..." (2 Corintios 4:2 RVR 1960); y a los tesalonicenses dijo que en su obra ministerial entre los creyentes, nunca había recurrido a palabras aduladoras ni a subterfugios para sacarles dinero (ver 1 Tesalonicenses 2:5). En tercer lugar, la palabra de Dios debe emplearse para los fines que su Autor celestial la envió: para enseñar, reprender, corregir e instruir a todo ser humano sobre lo que es justo; también para que los hijos e hijas de Dios alcancen la madurez completa y estén bien preparados para la obra del Señor (ver 2 Timoteo 3:16).

[84] *"El problema de la exégesis 'selectiva' es que se pueden poner en el texto ideas propias y extrañas y hacer de la Palabra del Señor algo diferente de lo que él dijo en realidad."* Gordon D. Fee y Douglas Stuart, *La Lectura Eficaz de la Biblia* (Miami, FL: Editorial Vida, 1985).

6. **Conservarse en integridad moral, espiritual y de carácter** –Aunque en el capítulo siguiente desempacaremos las dimensiones de la integridad, quiero adelantar aquí otras enseñanzas de la Palabra de Dios que nos ayudarán a mantener sin restricciones nuestro acceso a la presencia de Dios y a estar siempre habilitados como vasijas Suyas. El rey David escribió: *"¿Quién subirá al monte del Señor? ¿Y quién podrá estar en su lugar santo? El de manos limpias y corazón puro; el que no ha alzado su alma a la falsedad, ni jurado con engaño"* (Salmo 24:3, 4 LBLA). El apóstol Pablo dijo a Timoteo que los obreros aprobados por el Señor se conocen por vivir apartados de toda iniquidad; son personas sin lastre de pecado que obstaculice su eficacia ministerial (ver Hebreos 12:1). Sólo en estas condiciones podemos ser vasos de honra, santificados, útiles y dispuestos para servir en el ministerio como agrada a Dios (ver 2 Timoteo 2:19–26).

7. **Permanecer en el ministerio impulsados por motivos piadosos** – Jesús dijo que la abnegación y el sacrificio personal serían dos distintivos de sus verdaderos seguidores (ver Mateo 16:26 y Lucas 14:27). Ministrar para el Señor es una necesidad que tenemos impuesta de parte de Él, por lo que es impropio usar nuestro trabajo ministerial como plataforma para buscar galardones o gloria propia. Tampoco podemos abusar de nuestros derechos como ministros del evangelio. Debemos servir a Dios de buena voluntad, pero sin estar a la expectativa de ninguna recompensa material o espiritual (ver 1 Corintios 9:16–18). Como guardas espirituales, los ministros del Señor estamos llamados a servir a Dios con sincero deseo, porque le amamos a Él y a sus ovejas, no por la avaricia del dinero (ver 1 Pedro 5:2) ni por la prestancia que tal oficio pueda significar. Somos soldados que servimos a expensas del Dios Eterno y de sus promesas, para su sola gloria.

El liderazgo cristiano es una carrera de resistencia en la que sólo los que corran de manera legítima terminarán bien. Como soldados y atletas del reino de Dios necesitamos cumplir los parámetros establecidos por Jesucristo para no ser descalificados. Todos nos enfrentamos a esta solemne sentencia: *Sólo seremos coronados si la manera en que ministramos es agradable al Señor, y si nos desempeñamos en la carrera siguiendo las reglas que el Árbitro de los cielos ha establecido.* Respecto a esto el apóstol Pablo nos advierte diciendo:

> *"Ninguno que milita se enreda en los negocios de la vida, a fin de agradar a aquel que lo tomó por soldado. Y también el que lucha como atleta, no es coronado si no lucha legítimamente."* (2 Timoteo 2:4, 5 RVR 1960)

Hoy pudiera haber líderes que piensen que por sus años de servicio y por los títulos eclesiásticos y ministeriales alcanzados lograrán terminar bien. Aún estamos a tiempo para rectificar lo que estamos haciendo mal. Sus misericordias son infinitas y se renuevan siempre a nuestro favor. Continuemos llevando a cabo lo que estamos haciendo bien, y pidamos el valor para hacer lo que nuestro Señor ha esperado siempre de nosotros en el ministerio y nunca lo hemos hecho. Imitemos esta actitud de Pablo: *"Yo mismo no pretendo haberlo ya alcanzado; pero una cosa hago: olvidando ciertamente lo que queda atrás, y extendiéndome a lo que está delante, prosigo a la meta, al premio del supremo llamamiento del Señor en Cristo Jesús"* (Filipenses 3:13, 14 RVR 1960).

Todo líder espiritual auténtico debe aspirar a que en la portada de su legado ministerial queden escritas las siguientes palabras del apóstol Pablo: *"He peleado la buena batalla, he acabado la carrera, he guardado la fe. Por lo demás, me está guardada la corona de justicia, la cual me dará el Señor, juez justo, en aquel día; y no sólo a mí, sino también a todos los que aman su venida"* (2 Timoteo 4:7, 8 RVR 1960).

SELAH...

Al cierre de este capítulo, eleva nuevamente tu corazón al Señor y ríndete a la ministración de su Espíritu.

Hay dos marcas que se deben destacar en un líder espiritual auténtico:

1) **Su estilo:** Responde para ti mismo la siguiente pregunta – ¿Qué estilo de liderazgo estoy reproduciendo: el modelado por Jesucristo, o el que me están modelando los líderes cristianos que más admiro, dentro y fuera de mi país? *Si tu estilo no reproduce el carácter de Cristo en esencia y práctica, no estás siendo auténtico.*

2) **Su enfoque:** Responde para ti mismo la siguiente pregunta – ¿Qué tipo de ministerio estoy edificando: uno que está enfocado en traer gloria sólo a Jesucristo, o uno que sea tan influyente y prosperado como el del líder cristiano más exitoso que conozco? *Si tu ministerio no se enfoca en completar la obra que Dios te ha asignado y en hacer la voluntad del Padre celestial buscando gloria para Él solo, no eres auténtico.*

Prepárate ahora para adentrarte en el siguiente capítulo donde serás ministrado por el Señor sobre los factores determinantes para la eficacia en tu liderazgo. La eficacia se requiere al liderazgo así como la fidelidad se requiere a la administración.

CAPÍTULO 12

LIDERAZGO CRISTIANO EFICAZ

"...el suegro de Moisés le dijo: No está bien lo que haces.
Desfallecerás del todo, tú, y también este pueblo que está
contigo; porque el trabajo es demasiado pesado para ti; no
podrás hacerlo tú solo." (Éxodo 18:17, 18 RVR 1960)

En el capítulo anterior establecimos que el liderazgo espiritual auténtico es un patrón de comportamiento que proyecta el carácter de Cristo, de la misma manera que el *"Hijo hace lo que ve hacer al Padre"* y lleva en sí mismo su carácter y su esencia. Esto es lo que hace de Jesucristo un líder auténtico. En el presente capítulo exploraremos en la Palabra de Dios los factores que son determinantes para la efectividad ministerial.

Para entender lo transcendental que es para el ministerio cristiano que las iglesias cuenten con líderes eficaces, nos disponemos ahora a descomponer en sus distintas partes un caso bíblico, donde el Dios Eterno intervino de manera indirecta para mejorar significativamente la dinámica de trabajo de un líder importante que Él había llamado para la transcendental obra de sacar a su pueblo de Egipto. Este caso está registrado en el libro de Éxodo capítulo dieciocho, y la situación es narrada por uno de sus dos protagonistas. Veamos a seguidas los versos trece al veintiséis en la versión RVR 1960:

"¹³Aconteció que al día siguiente se sentó Moisés a juzgar al pueblo; y el pueblo estuvo delante de Moisés desde la mañana hasta la tarde. ¹⁴Viendo el suegro de Moisés todo lo que él hacía con el pueblo, dijo: ¿Qué es esto que haces tú con el pueblo? ¿Por qué te sientas tú solo, y todo el pueblo está delante de ti desde la mañana hasta la tarde? ¹⁵Y Moisés respondió a su suegro: Porque el pueblo viene a mí para consultar a Dios. ¹⁶Cuando tienen asuntos, vienen a mí; y yo juzgo entre el uno y el otro, y declaro las ordenanzas del Señor y sus leyes. ¹⁷Entonces el suegro de Moisés le dijo: No está bien lo que haces. ¹⁸Desfallecerás del todo, tú, y también este pueblo que está contigo; porque el trabajo es demasiado pesado para ti; no podrás hacerlo tú solo. ¹⁹Oye ahora mi voz; yo te aconsejaré, y Dios estará contigo. Está tú por el pueblo delante del Señor, y somete tú los asuntos a Dios. ²⁰Y enseña a ellos las ordenanzas y las leyes, y muéstrales el camino por donde deben andar, y lo que han de hacer. ²¹Además escoge tú de entre todo el pueblo varones de virtud, temerosos de Dios, varones de verdad, que aborrezcan la avaricia; y ponlos sobre el pueblo por jefes de millares, de centenas, de cincuenta y de diez. ²²Ellos juzgarán al pueblo en todo tiempo; y todo asunto grave lo traerán a ti, y ellos juzgarán todo asunto pequeño. Así aliviarás la carga de sobre ti, y la llevarán ellos contigo. ²³Si esto hicieres, y Dios te lo mandare, tú podrás sostenerte, y también todo este pueblo irá en paz a su lugar. ²⁴Y oyó Moisés la voz de su suegro, e hizo todo lo que dijo. ²⁵Escogió Moisés varones de virtud de entre todo Israel, y los puso por jefes sobre el pueblo, sobre mil, sobre ciento, sobre cincuenta, y sobre diez. ²⁶Y juzgaban al pueblo en todo tiempo; el asunto difícil lo traían a Moisés, y ellos juzgaban todo asunto pequeño".

Todas las cualidades para el liderazgo eficaz que se desprenden de este pasaje son consideradas en la mayoría de los libros de texto de autores seculares que abordan este tema. Sin embargo ya las mismas habían sido reveladas por el Señor a Moisés, por vía de su suegro Jetro, en el año 1491 a.c.[85] Para que un líder cristiano sea eficaz, además de tener una vocación y un llamado genuino de parte del Señor, es necesario que las siguientes cualidades complementen sus condiciones de liderazgo:

1. **Gestionar con intención constructiva el desempeño de sus colaboradores.**
   Liderazgo es un valor significativo y distintivo que agregamos a los demás en su trabajo. Para esto se requiere que el líder sea un observador diligente. Jetro estuvo observando con diligencia el trabajo que Moisés realizaba cada día, cuando el pueblo hacía grandes filas para entrevistarse con él, consultar a Dios y traer sus casos de justicia delante de él (vv. 13, 14).

2. **Saber hacer las preguntas claves.**
   Un líder eficaz no hace juicio sobre el desempeño de sus colaboradores partiendo sólo de sus apreciaciones e impresiones, sino que complementa su proceso de observación con preguntas claves que realiza directamente a la persona adecuada[86]. Jetro hizo a Moisés tres preguntas claves (v. 14):
   a) *"¿Qué es esto que haces tú con el pueblo?"*
   b) *"¿Por qué te sientas tú solo?"*
   c) *"¿Por qué todo el pueblo está delante de ti desde la mañana hasta la tarde?"*

Cuando hacemos las preguntas a las personas adecuadas podemos conseguir las respuestas apropiadas que nos

---

[85] *Biblia de Referencia Thompson* (Miami, FL: Editorial Vida), 73.

[86] Jetro no acudió a María o Aarón para investigar las razones por las que Moisés trabajaba del modo que lo hacía con el pueblo. Así, los líderes cristianos debemos evitar caer en la trampa de *triangulizar* situaciones que deben ser abordadas directamente con su protagonista principal.

permitirán comprender las razones de un comportamiento específico, identificar los factores causales y tener una base más objetiva para formarnos una opinión y realizar una intervención asertiva y eficaz.

3. **Expresar las opiniones con respeto, amor y franqueza.**
Todo líder cristiano que es parte de un equipo ministerial, luego de haber observado con diligencia una situación o comportamiento no deseado y recabado información pertinente con las personas adecuadas, y haberse formado una opinión, tiene el deber de compartir con los involucrados directos lo que piensa al respecto. Jetro dijo a Moisés: *"No está bien lo que haces"* (v. 17). Un líder eficaz sustenta las razones fundamentales de su opinión con madurez, amor y respeto. Jetro nos deja este ejemplo cuando arguye: *"Desfallecerás del todo, tú y también este pueblo que está contigo; porque el trabajo es demasiado pesado para ti; no podrás hacerlo tú solo."* (v. 18)

4. **Ser propositivos.**
Como su intención es abiertamente constructiva, cuando los líderes auténticos cuestionan la manera en que se hace algo o sus resultados, siempre presentan propuestas para un accionar más efectivo. Jetro le dijo a Moisés: *"Oye ahora mi voz, y yo te aconsejaré"* (v. 19). Consideremos en detalle los elementos de la propuesta de Jetro a su yerno:

a. **Transparenta los roles.** Estar por el pueblo delante del Señor y someter los distintos asuntos a Dios eran responsabilidades que sólo podía cumplir la persona que Dios había señalado, en este caso Moisés. Cualquier otro que intentara hacerlo corría el riesgo de perder la vida. Siendo así, Jetro recomienda a su yerno que concentre su atención y esfuerzos en funciones que, por su naturaleza, nadie más podía realizar, y que delegara los asuntos que no requerían de su exclusiva atención

(vv. 19, 20). Cuando se hace esto, las energías del líder no se disipan, logrando ser más eficaz y productivo.

b. **Hazte acompañar de un equipo humano competente.** *"...escoge tú de entre todo el pueblo varones de virtud, temerosos del Señor, varones de verdad, que aborrezcan la avaricia;..."* (v.21). Ningún líder cristiano puede ser eficaz en el ministerio si no tiene a su lado un equipo de gente competente e íntegra. Este equipo debe ser seleccionado en base a criterios claros y objetivos y se deben considerar la idoneidad de carácter y las capacidades espirituales tanto como las competencias conductuales, técnicas y profesionales.

c. **Faculta a los miembros del equipo y asígnales niveles de autoridad.** *"...y ponlos sobre el pueblo por jefes de millares, de centenas, de cincuenta y de diez. Ellos juzgarán al pueblo en todo tiempo; y todo asunto grave lo traerán a ti, y ellos juzgarán todo asunto pequeño."* Hemos dicho ya que para ser eficaces es necesario rodearse de gente competente pero de nada vale contar con un equipo de gente adecuada si no están en los lugares adecuados, y si no disponen de los espacios y las oportunidades para que puedan agregar valor significativo. Asimismo, sirve de poco si aun siendo personas competentes, no los facultamos y habilitamos para actuar con voluntad propia, dentro de un marco de interdependencia y responsabilidad compartida.

Ser líderes eficaces nos hará más productivos, estando enfocados e invirtiendo nuestras energías en lo que podemos hacer mejor. Asimismo, podremos promover un sentido de equipo y de cuerpo al compartir las cargas y las responsabilidades. Además, se aumentará nuestra resistencia física y sicológica, y podremos contribuir mejor al logro de los objetivos y a la atención de las necesidades integrales del pueblo que Dios ha puesto bajo nuestro cuidado.

JUAN TOMÁS HIRALDO C.

Un líder eficaz es un agente de cambio

La verdadera eficacia de un líder cristiano radica en la adopción del paradigma de liderazgo de Jesús quien, siendo Señor, vivió y se desempeñó como siervo. Así se lo hizo saber el Maestro a sus discípulos cuando les dijo: *"Los gobernantes de las naciones oprimen a sus súbditos, y los altos oficiales abusan de su autoridad. Pero entre ustedes no debe ser así. Al contrario, el que quiera hacerse grande deberá ser su servidor, y el que quiera ser el primero deberá ser siervo de los demás; así como el Hijo del Hombre no vino para que le sirvan sino para servir"* (Mateo 20:25–28 NVI). Esto es lo que hace de un líder cristiano un agente de cambio. Se espera que un líder espiritual sea una persona que tenga una visión compartida con su equipo ministerial, que sea una persona impulsada por una perspectiva de mediano y largo plazo, que tenga la capacidad para influir en los creyentes con su ejemplo, y que pueda movilizarlos y conducirlos hacia el logro de objetivos y metas que son comunes a todos.

Si hay algo que hace indetenible la eficacia de un líder cristiano es su integridad espiritual, moral y de carácter. Tomaremos las líneas finales de este capítulo para desempacar las dimensiones de la integridad[87] según están conceptualizadas en la palabra de Dios:

- **Integridad Espiritual** – Un líder cristiano evidencia integridad espiritual cuando su estilo de vida es consistente con el fruto del Espíritu y está alineado con la voluntad de Dios, que es su santificación progresiva en todas las dimensiones de su vida (ver 1 Tesalonicenses 4:2–7). Esto fue reafirmado por el apóstol Pablo cuando escribió a los gálatas diciéndoles: *"...el fruto del Espíritu es amor, gozo, paz, paciencia, benignidad, bondad, fe, mansedumbre, templanza;*

---

[87] Estas dimensiones las conceptualizamos originalmente en abril de 2016, en el documento *Estrategia para el Desarrollo del Liderazgo* de la Congregación Cristiana, Inc., en Santiago de los Caballeros, República Dominicana (usado con permiso).

contra tales cosas no hay ley. Pero los que son de Cristo han crucificado la carne con sus pasiones y deseos. Si vivimos por el Espíritu, andemos también por el Espíritu" (Gálatas 5:22–25 RVR 1960).

- **Integridad Moral** – Un líder cristiano evidencia integridad moral cuando su estilo de vida es diametralmente opuesto a las obras de su antigua naturaleza. Asimismo cuando su conducta es consistente con los principios morales de la Palabra del Señor y está alineada con la voluntad de Dios para su santificación. Esto fue reafirmado por el apóstol Pablo cuando escribió a los gálatas diciéndoles: *"Y manifiestas son las obras de la carne, que son: adulterio, fornicación, inmundicia, lascivia, idolatría, hechicerías, enemistades, pleitos, celos, iras, contiendas, disensiones, herejías, envidias, homicidios, borracheras, orgías, y cosas semejantes a estas; acerca de las cuales os amonesto, como ya os lo he dicho antes, que los que practican tales cosas no heredarán el reino de Dios"* (Gálatas 5:19–21 RVR 1960).

- **Integridad de Carácter**– Un líder cristiano evidencia integridad de carácter cuando en su vida familiar, laboral, ministerial, social y en todas sus relaciones públicas y privadas manifiesta el carácter de Cristo, y su manera de conducirse está alineada con lo planteado por el apóstol Pablo a los efesios: *"Por lo tanto, dejando la mentira, hable cada uno a su prójimo con la verdad, porque todos somos miembros de un mismo cuerpo. «Si se enojan, no pequen». No permitan que el enojo les dure hasta la puesta del sol, ni den cabida al diablo. El que robaba, que no robe más, sino que trabaje honradamente con las manos para tener qué compartir con los necesitados. Eviten toda conversación obscena. Por el contrario, que sus palabras contribuyan a la necesaria edificación y sean de bendición para quienes escuchan. No agravien al Espíritu Santo de Dios, con el cual fueron sellados para el día de la redención. Abandonen toda amargura, ira y enojo, gritos y calumnias, y toda forma* *de malicia. Más bien, sean bondadosos y compasivos unos con otros, y perdónense mutuamente, así como Dios los perdonó a ustedes en Cristo"* (Efesios 4:25–32 NVI). En Las Escrituras, el pasaje que mejor describe a una persona con integridad de carácter es el Salmo 15:

"¹¿Quién, SEÑOR, puede habitar en tu santuario? ¿Quién puede vivir en tu santo monte? ² Sólo el de conducta intachable, que practica la justicia y de corazón dice la verdad; ³ que no calumnia con la lengua, que no le hace mal a su prójimo ni le acarrea desgracias a su vecino; ⁴ que desprecia al que Dios reprueba, pero honra al que teme al SEÑOR; que cumple lo prometido aunque salga perjudicado; ⁵ que presta dinero sin ánimo de lucro, y no acepta sobornos que afecten al inocente. El que así actúa no caerá jamás." (NVI)

En todo creyente genuino, un carácter de nueva creación es el resultado de la obra transformadora del Espíritu Santo, más allá de la influencia del ambiente y de los valores que en su infancia le fueron inculcados por su familia. Por esta razón el Señor exhorta a los que quieren ser sus discípulos a negarse a sí mismos, cargar su cruz y seguirle (ver Mateo 16:24). Así pues, el carácter de un ministro o ministra del Señor es producto de su comunión íntima con el Señor y de su lavamiento continuo en la Palabra de Dios y no de su propio esfuerzo natural o intelecto, ya que el Maestro al llamarnos a tomar nuestra cruz, en realidad nos está llamando a morir a nosotros mismos. En su carta a los gálatas, el apóstol Pablo explicó esto diciendo: *"Con Cristo he sido crucificado, y ya no soy yo el que vive, sino que Cristo vive en mí; y la vida que ahora vivo en la carne, la vivo por fe en el Hijo de Dios, el cual me amó y se entregó a sí mismo por mí."* (Gálatas 2:20 LBLA)

Claves para el liderazgo cristiano eficaz

Así como la maestría de un director musical se evidencia en la ejecución armoniosa e impecable de su orquesta, la eficacia de un líder espiritual se hace evidente en el funcionamiento de la iglesia local o ministerio donde sirve, y en el desempeño de sus consiervos. Con la finalidad de identificar las claves bíblicas para la eficacia en el liderazgo cristiano, haremos acopio aquí de la analogía del *"Cuerpo"* que utilizó el apóstol Pablo para ilustrar la composición, armonía y funcionamiento de la iglesia de Jesucristo.

Clave número uno: Poseer un concepto equilibrado de sí mismo – Para que un líder cristiano sea eficaz debe tener claro que él es un miembro más del cuerpo de Cristo con un llamado y asignación diferenciados, lo cual no le confiere más honra que a los demás miembros (se vista con traje formal o ropa casual). El apóstol Pablo dice que*"Dios ordenó el cuerpo, dando más abundante honor al que le faltaba, para que no haya desavenencia en el cuerpo, sino que los miembros todos se preocupen los unos por los otros"* (1 Corintios 24b, 25 RVR 1960). Esto le evitará sufrimientos innecesarios al Cuerpo, pues sus líderes tendrán un concepto equilibrado de sí mismos[88]. También es saludable que todos en el cuerpo de Cristo tengan una adecuada comprensión de este enfoque, para que no traspasen los límites dando honor a sus líderes más allá de lo establecido en la Palabra de Dios. Con frecuencia se puede observar a creyentes en las iglesias que, por granjearse el favor de los líderes principales, caen en el servilismo, tratándolos con adulación y lisonjas (abiertamente o con disimulo). Algunos los halagan a tal extremo que generan desavenencias entre

---

[88] *"Nadie tenga un concepto de sí más alto que el que debe tener, sino más bien piense de sí mismo con moderación, según la medida de fe que Dios le haya dado."* (Romanos 12:3 NVI)

---

el cuerpo ministerial. El apóstol Pablo dijo: *"Amaos los unos a los otros con amor fraternal; en cuanto a honra, prefiriéndoos los unos a los otros."* (Romanos 12:10 RVR 1960). Pedro añade: *"Honrad a todos. Amad a los hermanos. Temed a Dios. Honrad al rey."* (1 Pedro 2:17RVR1960)

Clave número dos: Ejercer un liderazgo empoderante – Como un cuerpo, la Iglesia tiene una gran diversidad de miembros, que son todos los creyentes genuinos que han entregado su vida a Cristo y tienen al Espíritu Santo morando en ellos: *"Vosotros, pues, sois el cuerpo de Cristo, y miembros cada uno en particular."* (1 Corintios 12:27RVR1960). Para ser eficaz, todo líder debe entender que no hace bien al cuerpo cuando él asume los roles, funciones y responsabilidades que corresponden a otros miembros del cuerpo, los cuales tienen llamados diferentes al suyo y asignaciones diferenciadas. Contrario a esto, debe ejercer un liderazgo empoderante, posibilitando que la actividad propia de cada miembro aporte su máximo beneficio al Cuerpo, conforme a los dones espirituales que cada uno ha recibido.

Clave número tres: Asirse firmemente a la Cabeza – La Iglesia, tiene una cabeza escogida por el Señor, la cual es Cristo: *"Dios sometió todas las cosas bajo sus pies, y lo dio a la iglesia, como cabeza de todo, pues la iglesia es su cuerpo, la plenitud de Aquel que todo lo llena a plenitud."* (Efesios 1:22, 23 RVC). Para ser eficaz, todo líder cristiano debe, sobre todo, operar aferrado firmemente a esta Cabeza y no hacer prevalecer sus propias visiones y razonamientos sobre las perspectivas y lineamientos establecidos por el Señor en su Palabra.

Clave número cuatro: Mantenerse en unión vital con Jesucristo – La Iglesia encuentra su plenitud en Jesucristo, quien es su fundamento y la fuente única de su crecimiento y desarrollo. Él es *"de quien todo el cuerpo, bien concertado y unido entre sí por todas las coyunturas que se ayudan mutuamente, según la actividad propia de cada miembro, recibe su crecimiento para ir edificándose en amor."* (Efesios 4:16 RVR 1960). El crecimiento y desarrollo de la Iglesia no depende de una poderosa maquinaria ministerial, ni de una gran capacidad económica, ni de poseer en sus filas a líderes titulados en reconocidos seminarios y universidades nacionales e internacionales (aunque todo eso es bueno y pudiera ser útil cuando es subordinado al absoluto señorío de Cristo), sino de su unión vital con su Cabeza, y del involucramiento activo de sus miembros, especialmente de aquéllos en posiciones de liderazgo. Los líderes tienen la responsabilidad de facilitar que los diferentes miembros del Cuerpo cumplan su actividad en absoluta interdependencia, y de favorecer que la unidad de propósito y la cooperación sean centrales e innegociables.

En resumen, un líder cristiano es eficaz cuando el Espíritu Santo es quien hace las cosas en él para que Jesucristo sea glorificado, la Iglesia sea edificada y los perdidos sean alcanzados. Así no habrá lugar para la jactancia, la autosuficiencia ni la arrogancia. Refiriéndose a la eficacia de dos destacados líderes claves de la iglesia primitiva, el apóstol Pablo escribió:

"... ¿qué es Apolos? ¿Y qué es Pablo? Nada más que servidores por medio de los cuales ustedes llegaron a creer, según lo que el Señor le asignó a cada uno. Yo sembré, Apolos regó, pero Dios ha dado el crecimiento. Así que no cuenta ni el que siembra ni el que riega, sino solo Dios, quien es el que hace crecer. El que siembra y el que riega están al mismo nivel, aunque cada uno será recompensado según su propio trabajo. En efecto, nosotros somos colaboradores al servicio del Señor; y ustedes son el campo de cultivo del Señor, son el edificio del Señor." (1 Corintios 3:5-9 NVI)

Los líderes cristianos eficaces son aquellos que se conciben como siervos y funcionan como colaboradores al servicio del Señor, no aquéllos que persiguen sus propias visiones pretendiendo, luego, que el Señor les sirva a ellos de colaborador o *"estrella invitada"* en sus proyectos particulares.

SELAH...
Al cierre de este capítulo, eleva nuevamente tu corazón al Señor y ríndete a la ministración de su Espíritu.

Responde para ti mismo las siguientes preguntas y podrás descubrir qué tan eficaz eres como líder cristiano:

1. ¿Soy una persona que proyecta el carácter de su Maestro y opera bajo los lineamientos de la mente de Cristo?
2. ¿Puedo ser considerado un agente de cambio en la iglesia o ministerio donde sirvo?
3. ¿Invierto diligentemente mis capacidades, competencias, habilidades y destrezas en los roles, funciones y responsabilidades que el Señor me ha asignado?
4. ¿Me esfuerzo por ser una persona coherente, diligente y perseverante, que progresa en madurez personal y espiritual para ser capaz de enfrentar los retos personales y ministeriales que se me presentan?
5. ¿Soy una persona que sabe trabajar en equipo y cooperar sin competir?

Un líder cristiano eficaz es un creyente que progresa continuamente en los aspectos destacados por el apóstol Pedro cuando dijo: *"Vosotros también, poniendo toda diligencia por esto mismo, añadid a vuestra fe virtud; a la virtud, conocimiento; al conocimiento, dominio propio; al dominio propio, paciencia; a la paciencia, piedad; a la piedad, afecto fraternal; y al afecto fraternal, amor."* (2 Pedro 1:5–7 RVR 1960). Como ves, la eficacia de tu liderazgo tiene que ver tanto con tu *bien ser* como con tu *bien hacer.*

Prepárate ahora para adentrarte en el siguiente capítulo, donde podrás comprender que un líder espiritual está llamado a desarrollar un ministerio de alto impacto para la transformación integral de la sociedad, en el territorio donde el Padre Eterno le ha colocado.

Capítulo 13

LIDERAZGO E INCIDENCIA SOCIAL

*"Vosotros sabéis cómo Dios ungió a Jesús de Nazaret con
el Espíritu Santo y con poder, el cual anduvo haciendo
bien y sanando a todos los oprimidos por el diablo; porque
Dios estaba con Él."* (Hechos10:38 RVR 1960)

En el capítulo anterior dejamos establecido que un líder cristiano
llegará a ser eficaz si, además de tener una vocación y un llamado
genuino de parte del Señor, desarrolla cualidades que complementen
sus condiciones de liderazgo, tales como:

a) **Gestionar** – *hacer seguimiento al desempeño de sus consiervos
con una intención constructiva.*

b) **Preguntar** – *saber hacer las preguntas claves en situaciones
decisivas.*

c) **Comunicar** – *saber comunicarse con respeto, amor y franqueza
en toda situación (incluso cuando se manejen asuntos complejos
y dolorosos).*

d) **Proponer** – *saber plantear abordajes alternativos frente a
resultados no deseados.*

En el presente capítulo abordaremos la responsabilidad que
ha sido asignada a la Iglesia y su liderazgo de hacer incidencia

socio-espiritual en el territorio donde Dios les ha colocado, y de implementar procesos de trasformación integral en un mundo caído, cuyo derrotero es la perdición eterna.

La incidencia social es un componente esencial del evangelio y una tarea ineludible para los embajadores de Cristo en la tierra. Con la finalidad de contribuir a comprender mejor el rol de la Iglesia como agente divino en la sociedad, examinaremos con el lector lo que, en palabras del mismo Jesucristo, fue la misión que su Padre le había encomendado al ungirlo como su mesías. Lucas 4:18, 19 (RVR 1960) dice:

> *"El Espíritu del Señor está sobre mí,*
> *Por cuanto me ha ungido para dar buenas nuevas a los pobres;*
> *Me ha enviado a sanar a los quebrantados de corazón;*
> *A pregonar libertad a los cautivos,*
> *Y vista a los ciegos;*
> *A poner en libertad a los oprimidos;*
> *A predicar el año agradable del Señor".*[89]

Basta una simple lectura de esta declaración para entender que el Dios Eterno asignó a Jesucristo una misión que implicaba buenas nuevas para todas las dimensiones de la vida humana: Espiritual, Físico-biológica, Socio-cultural y Psico-emocional, dimensiones en las que, de hecho, enfocó su ministerio:

"...los pobres" – los que tienen cualquier tipo de carencias o impedimentos, tanto en lo espiritual, físico, material o emocional.

"...los quebrantados de corazón" – los que tienen cualquier tipo de lesiones, heridas y trastornos, tanto en lo emocional como en lo psico-afectivo.

"...los cautivos" – los que tienen todo tipo de cadenas, sean éstas espirituales, físicas, sociales o sicológicas.

---

[89] Compárese con Isaías 61:1, 2.

"...los ciegos" – los que padecen cualquier tipo de ceguera, tanto en lo espiritual, físico o cognitivo.

"...los oprimidos" – los que están bajo cualquier tipo de opresión, tanto en lo espiritual, físico, social o emocional.

Las personas a quienes Jesucristo vino a redimir son seres integrales e integrados que viven como pecadores en sistemas sociales y culturales que intensifican el pecado, la maldad y la opresión. Esto quiere decir que el evangelio no sólo debe dar una respuesta contundente al ser humano sino también a su entorno socio-cultural, abarcando la dimensión ideológica. Reconocemos que este planteamiento es, de por sí, un reto a la cosmovisión generalizada entre muchos líderes cristianos, sin embargo así tiene que ser para que nuestra sal no se haga insípida ni nuestra luz termine enclaustrada en cuatro paredes o en un sótano donde su beneficio es muy limitado.

Jesús reconoció que las personas tienen **necesidades físicas** como agua, comida, vestido, techo y abrigo cuando dijo: *"No os preocupéis por vuestra vida, qué comeréis o qué beberéis; ni por vuestro cuerpo, qué vestiréis"* (Mateo 6:25 RVR 1960). Los pobres son los que más carencias tienen en estas necesidades básicas. Los líderes cristianos necesitan entender que, como parte fundamental del evangelio, las iglesias deben implementar acciones de respuesta a las necesidades de los pecadores que viven en condición de pobreza material, especialmente si es pobreza extrema[90]. Iglesias que anuncian el reino de Dios en la región más desigual del mundo (Latinoamérica) no pueden estar de espaldas a los pobres e indigentes, pues el evangelio de Jesucristo implica buenas nuevas para su condición espiritual, social y material.

---

[90] Según el informe Panorama Social 2015, la Comisión Económica para América Latina (CEPAL) reportó que en esta región habían ciento setenta y cinco millones de personas pobres, de los cuales setenta y cinco millones vivían en condición de pobreza extrema (es decir, que sobrevivían con menos de 1,90 dólares al día).

UN LÍDER A ESTRIBOR

El Dios Eterno reconoce que existen sistemas sociales que oprimen a las personas y les restringen la satisfacción de **necesidades sociales** como la libertad, la educación, la justicia y el acceso a bienes y medios de producción. Cuando Él dio la ley a los hijos de Israel les prohibió oprimir a los trabajadores nacionales y extranjeros diciéndoles: *"No oprimirás al jornalero pobre y necesitado, ya sea uno de tus conciudadanos o uno de los extranjeros que habita en tu tierra y en tus ciudades."* (Deuteronomio 24:14 RVR 1960). El salmista dice que en su santa morada, el Señor es *"padre de huérfanos y defensor de viudas."* (Salmo 68:5 RVR 1960)

Juan el Bautista exhortó a funcionarios del imperio romano que venían a él para ser bautizados, diciéndoles: *"No exijáis más de lo que se os ha ordenado"* (Lucas 3:13 RVR 1960). También a unos soldados que le pidieron consejo les dijo: *"A nadie extorsionéis, ni a nadie acuséis falsamente"* (Lucas 3:14RVR1960). Contra los ricos opresores de la época, el Señor se pronunció por boca del apóstol Santiago diciéndoles: *"Mirad, el jornal de los obreros que han segado vuestros campos y que ha sido retenido por vosotros, clama contra vosotros; y el clamor de los segadores ha llegado a los oídos del Señor de los ejércitos."* (Santiago 5:4 LBLA)

¿Cómo llegarán las buenas nuevas a las personas que son oprimidas por estructuras y sistemas sociales injustos si los líderes de las iglesias no consideran como parte esencial del evangelio la implementación de acciones que den respuesta a esta dimensión de las necesidades humanas? Es la intención del Señor que su Iglesia haga incidencia socio-espiritual con el evangelio de Jesucristo, siendo voz profética frente a las estructuras y sistemas sociales injustos que oprimen a las personas y las mantienen en continuo empobrecimiento.

Bryant Myers tiene un planteamiento básico sobre la teología del pecado, cuyo entendimiento se requiere para comprender la condición del ser humano sin Dios y para poder presentar el evangelio integral de Jesucristo como la única respuesta suficiente. Por creer que su argumento tiene bastante asidero bíblico, lo explico con mis propias palabras en las siguientes líneas: *"Antes de su caída en el pecado, el ser humano existía en un estado de perfecta armonía con el Dios Eterno, consigo mismo, con su entorno social y con la creación. Cuando acontece su caída en el pecado, éste fue destituido de la presencia de su Creador, por medio de quien se mantenían en armonía todas sus relaciones. La consecuencia más grave del pecado fue la destrucción de todas las relaciones del ser humano, por lo que la obra salvadora del Señor está centrada en restaurar todas estas relaciones por medio del sacrificio de Jesucristo, para que el ser humano no sólo se reconcilie con su Creador, sino consigo mismo, con su prójimo y con la creación."*[91]

Cuando Jesucristo dice que él vino para *"pregonar el año agradable del Señor"* se está refiriendo a que, con su ministerio y sacrificio, él venía a dar apertura a un tiempo en el cosmos cuando el Dios Eterno se estaría haciendo carne para poner al alcance del humano: liberación, restauración, perdón y reconciliación. El apóstol Pablo explicó esto a los Efesios con las siguientes palabras: *"...en quien tenemos redención por su sangre, el perdón de pecados según las riquezas de su gracia, que hizo sobreabundar para con nosotros en toda sabiduría e inteligencia, dándonos a conocer el misterio de su voluntad, según su beneplácito, el cual se había propuesto en sí mismo, de reunir todas las cosas en Cristo, en la dispensación del cumplimiento de los tiempos, así las que están en los cielos, como las que están en la tierra."* (Efesios 1:7–10 RVR 1960)[92]. Jesucristo vino para *"quitar de en medio"* el pecado y, como consecuencia, a efectuar la restauración de todo lo que fue dañado por el pecado. Así lo dice el autor a los hebreos: *"pero ahora, en la consumación de los siglos, se presentó una vez para siempre por el sacrificio de sí mismo para quitar de en medio el pecado."* (Hebreos 9:26b RVR 1960)

---

[91] Bryant Myers, *Caminar con los Pobres* (Buenos Aires: Ediciones Kairós, 2002), 91-93.

[92] Compárese Colosenses 1:19-22.

A través de un ministerio itinerante[93], Jesucristo hizo incidencia social y espiritual predicando, enseñando, sanando, teniendo compasión y misericordia de la gente y ministrando sus múltiples necesidades. Así lo registraron varios de los escritores del Nuevo Testamento:

a) *"Recorría Jesús todas las ciudades y aldeas, enseñando en las sinagogas de ellos, y predicando el evangelio del reino, y sanando toda enfermedad y toda dolencia en el pueblo."* (Mateo 9:35 RVR 1960)

b) *"Y salió Jesús y vio una gran multitud, y tuvo compasión de ellos, porque eran como ovejas que no tenían pastor; y comenzó a enseñarles muchas cosas."* (Marcos 6:34 RVR 1960)

c) *"Y Jesús, llamando a sus discípulos, dijo: Tengo compasión de la gente, porque ya hace tres días que están conmigo, y no tienen qué comer; y enviarlos en ayunas no quiero, no sea que desmayen en el camino."* (Mateo 15:32 RVR 1960)

d) *"Y Jesús, teniendo misericordia de él, extendió la mano y le tocó, y le dijo: Quiero, sé limpio."* (Marcos 1:41 RVR 1960)

e) *"Cómo Dios ungió con el Espíritu Santo y con poder a Jesús de Nazaret, y cómo éste anduvo haciendo bienes y sanando a todos los oprimidos por el diablo, porque Dios estaba con él."* (Hechos 10:38 RVR 1960)

f) *"Y le trajeron todos los que tenían dolencias, los afligidos por diversas enfermedades y tormentos, los endemoniados, lunáticos y paralíticos; y los sanó."* (Mateo 4:23 RVR 1960)

Jesucristo es el agente del Señor que hizo posible el cambio del destino eterno de los pecadores: de condenación y muerte eterna a vida abundante y eterna (ver Juan 5:24; y 10:10). Somos sus seguidores los que ahora tenemos que mostrarlo al mundo como la única Puerta para la reconciliación y la abundancia de vida que

---

[93] *"Pero él les dijo: Es necesario que también a otras ciudades anuncie el evangelio del reino de Dios; porque para esto he sido enviado."* (Lucas 4:43 RVR 1960)

sólo se encuentra en Dios (ver Juan 10:9). El Maestro utilizó dos comparaciones prácticas para darnos a entender nuestro rol como agentes del reino de Dios en el mundo; nos dijo: *"Ustedes son la luz del mundo"* y *"Ustedes son la sal de la tierra"*. Esto nos indica que la Iglesia, compuesta por los verdaderos seguidores de Jesucristo, es un agente de cambio que tiene la solemne responsabilidad de ser una respuesta al auge de la maldad, la corrupción moral y la descomposición social que caracteriza a este mundo caído.

La principal función de la luz es detener el avance las tinieblas y disiparlas, exponiendo lo que está escondido en los lugares oscuros, en tanto que, las principales contribuciones de la sal son resaltar el sabor natural, preservar y frenar el proceso de descomposición. Esto nos habla de que la intervención de la Iglesia en la vida humana tiene que producir resultados comparables a los que se esperan cuando se enciende una luz (*es decir, la gente es liberada del dominio del poder de las tinieblas*), y cuando se le agrega sal a algún alimento (*es decir, la gente pasa de corrupción a vida incorruptible y su existencia adquiere sentido verdadero*).

Cuando hablamos de incidencia nos estamos refiriendo a la repercusión que debe tener la existencia de la Iglesia en el mundo. Con la analogía de la sal y la luz, el Maestro se está refiriendo a lo contundente que debe ser el impacto de su Iglesia en el mundo. Se espera que ocurran cambios significativos y distintivos en la vida de los que se pierden y son encontrados por Jesucristo. La Iglesia tiene que poner primordial atención a estas propiedades con el fin de dar relevancia a su misión ante el patente derrotero de destrucción que lleva este mundo.

Paul Washer comenta sobre esto mismo con las siguientes palabras: *"La oscuridad del mundo presente ofrece una gran oportunidad a la iglesia para ser la sal de la tierra, pero si nos mezclamos con las mismas impurezas que se supone debemos exponer, ya no somos buenos sino para ser echados y pisoteados por los mismos hombres a los que estamos llamados a influenciar"*[94]. Jesús expresó esto mismo con las siguientes palabras: *"Vosotros sois la sal de la tierra; pero si la sal se desvaneciere, ¿con qué será salada? No sirve más para nada, sino para ser echada fuera y hollada por los hombres."* (Mateo 5:13 RVR 1960) La Iglesia de Jesucristo tiene que impactar al mundo de la misma manera como la luz impacta a la oscuridad; pero si la luz es tenue, la oscuridad puede convivir con la luz, produciéndose lo que se conoce como penumbra[95]. Una iglesia con una luz que casi no se percibe, hace que se disminuya el alcance de los beneficios eternos que proporciona Jesucristo como la Luz del mundo. Jesús especificó a sus discípulos que como luz tienen que estar visibles a todo el mundo, diciéndoles: *"Vosotros sois la luz del mundo; una ciudad asentada sobre un monte no se puede esconder. Ni se enciende una luz y se pone debajo de un almud, sino sobre el candelero..."* (Mateo 5:14, 15 RVR 1960)

Como embajadora de Cristo, la Iglesia está llamada a mostrar al mundo las obras, el poder, la gracia y las misericordias del Dios eterno. Si la Iglesia muestra la luz de Cristo de manera débil y tenue, estará mostrando un Jesucristo disminuido y no estará santificando el nombre del Señor frente al mundo. Cristo dijo a sus discípulos: *"Así alumbre vuestra luz delante de los hombres, para que vean vuestras buenas obras, y glorifiquen a vuestro Padre que está en los cielos."* (Mateo 5:16 RVR 1960). Pablo exhortó a los filipenses a ser *"irreprensibles y sencillos, hijos de Dios sin tacha en medio de una generación torcida y perversa"*, en medio de la cual tenemos que resplandecer como lumbreras en el mundo (ver Filipenses 2:15).

La Iglesia tiene que marcar distancia clara con el mundo así como la luz se separa de las tinieblas y el día de la noche. Santiago fue categórico cuando planteó que *"la amistad del mundo es enemistad*

[94] Paul D. Washer, *The Gospel's Power & Message* (Grand Rapids, MI: Reformation Heritage Books, 2012), 112.

[95] Penumbra: *"Sombra débil entre la luz y la oscuridad, que no deja percibir dónde empieza la una o acaba la otra"*. *Diccionario de la Real Academia de la Lengua Española*, edición del Tricentenario, 2013.

hacia Dios" y que *"el que quiere ser amigo del mundo, se constituye enemigo de Dios"* (Santiago 4:4 RVR 1960). El apóstol Pablo exhortó a los efesios diciéndoles: *"No participéis en las obras infructuosas de las tinieblas, sino más bien reprendedlas;...todas las cosas, cuando son puestas en evidencia por la luz, son hechas manifiestas; porque la luz es lo que manifiesta todo."* (Efesios 5:11, 13 RVR 1960). Los creyentes somos hijos de luz y no de las tinieblas; hijos del día y no de la noche (ver 1 Tesalonicenses 5:5). Una iglesia que anda a media luz o camina en penumbras nunca podrá contrarrestar con eficacia las obras vanas e infructuosas de las tinieblas.

La tentación del poder político

Aunque los seguidores de Jesucristo pueden hacer incidencia socio-espiritual accediendo al poder político por las vías que establecen las leyes de los países que viven en democracia, no conviene a la Iglesia involucrarse de manera corporativa en proyectos políticos. Por ser el obispado un llamamiento supremo del Dios Eterno, sus roles y funciones se hacen incompatibles con cualquier asunto que demande atención suprema, por lo que es impropio que un pastor corra en unas elecciones para presidir *"un reino de este mundo"*, sea a nivel local o nacional. Entendemos que Dios puede llamar a algunos creyentes destacados y competentes para que le sirvan de instrumentos escogidos en ése complicado medio. José, Daniel y Nehemías son precedentes bíblicos notorios. Cuando veo a líderes cristianos queriendo llegar a alcanzar posiciones de poder político, pienso en lo que dijo Ragnar Lothbrok, el rey de los Vikingos: *"El poder siempre es peligroso; atrae lo peor y corrompe lo mejor. El poder sólo se da a aquéllos que están preparados para tomarlo."*[96]

Es bueno advertir a los líderes espirituales que están embarcados o piensan embarcarse en proyectos para alcanzar alguna posición de poder político que, una vez lograda su meta, tienen que

---

[96] Serie *Vikingos*, Netflix, temporada 03, episodio 01.

conducirse de forma diferente a los políticos que no tienen temor del Señor y que en todas sus acciones deben evidenciar siempre que son seguidores piadosos de Jesucristo. Si así se manejaren, deberán prepararse porque, en vez de aplausos y reconocimientos, recibirán persecución, de adentro y de afuera, tanto de amigos como de enemigos.

El apóstol Pablo advirtió a su hijo Timoteo diciéndole: *"Todos los que quieren vivir piadosamente en Cristo Jesús padecerán persecución"* (2 Timoteo 3:12 RVR 1960). Si durante su tiempo en funciones públicas no fueren sujetos de persecución, podremos cuestionar si su desempeño y proceder fue consistente con una vida piadosa en Jesucristo. En definitiva, si se desempeñan en posiciones públicas, tienen la obligación de redituar honra y no vergüenza al nombre del Señor Jesucristo y a su Iglesia.

La opinión individual como forma de hacer incidencia socio-espiritual

En la gestión de la opinión pública, un líder espiritual auténtico debe seguir el principio de *"lo pertinente"* y *"lo necesario"*. Cuando se trata de temas sociales y políticos, muchas veces la opinión de un líder cristiano influyente es pertinente pero no necesaria, o es necesaria, pero no pertinente. Los líderes espirituales que han construido una buena imagen y han alcanzado un sólido posicionamiento, deben atesorar sus opiniones como finas perlas y disponerlas al público de manera oportuna (por los medios adecuados), dentro de un marco de verdad, justicia y objetividad.

No debemos ignorar que los líderes espirituales de hoy, como Jesús en su época, somos vigilados por *fariseos y herodianos* modernos cuya intención es sorprendernos en alguna palabra (ver Marcos 12:13) para tratar de ridiculizar y blasfemar el evangelio. Tal vez por eso Jesús dijo: *"No deis lo santo a los perros, ni echéis vuestras perlas delante de los cerdos, no sea que las pisoteen y se vuelvan y os despedacen"* (Mateo 7:6 RVR 1960). Toda opinión pública de un líder espiritual debe administrarse con sabiduría y mucho tacto para no causar tropiezo al evangelio de Jesucristo.

La presión social como forma de hacer incidencia

En diciembre de 2014, lo que pasó en la Cámara de Diputados de la República Dominicana, con relación a las observaciones del Poder Ejecutivo al Código Penal respecto al tema de la penalización del aborto, era de esperarse. Pese a los intentos realizados por la mayoría de las iglesias evangélicas para que este código fuera aprobado con la penalización a todo tipo de aborto, incluyendo el aborto inducido por razones médicas (terapéutico), no se pudo evitar la prevalencia de argumentaciones humanistas para desarrollar sin límites una agenda de promiscuidad y de no respeto a la vida humana desde su concepción. Aunque las observaciones del Poder Ejecutivo no se propusieron al código como nuevos artículos, se dejó abierta una brecha de muerte al proponer éste que los casos excepcionales para la interrupción de un embarazo fueran manejados mediante una ley especial.

Aunque sea duro para algunos admitirlo y se esgriman los más variados argumentos para explicar el por qué el liderazgo de la iglesia cristiano-evangélica en la República Dominicana no pudo aplicar la suficiente presión social y hacer prevalecer su postura en esta situación, lo cierto es que el intento por incidir en la toma de decisiones sobre el tema del aborto ha puesto de manifiesto que, en términos generales, al liderazgo cristiano-evangélico del país le falta fortaleza para hacer la presión social necesaria para alterar el curso de las decisiones ante situaciones como la que nos estamos refiriendo.

Aunque han sido muchos los esfuerzos que han hecho líderes espirituales piadosos, y no pocas las iniciativas que se han implementado a lo largo de estos últimos treinta años para que la Iglesia alcance una imagen adecuada y un nivel de posicionamiento que le permita incidir de manera significativa y distintiva en el desarrollo y evolución de la sociedad dominicana, el escollo más elocuente parece ser la *falta de cohesión* y el *sentido de cuerpo*. La iglesia de hoy es comparable a un *"gran rompecabezas"*, armado con *"piezas de iglesias"* que se acomodan, formando un todo que, a todas luces, se ve fragmentado.

Una cosa es formar un cuerpo y otra ser un cuerpo, y esto último es el gran desafío que enfrenta, no sólo la Iglesia en la República Dominicana, sino en toda América Latina. La Palabra del Señor enseña que la iglesia de Jesucristo está formada por creyentes individuales de todo el planeta que, al ser colocados por el Espíritu como piedras vivas en el edificio de Dios, son un cuerpo con Él (ver Efesios 5:30). Somos un solo cuerpo con muchos miembros, *no muchas entidades corporativas de creyentes que forman un gran cuerpo* (ver 1 Corintios 12:12). Pablo dejó claramente establecido que Cristo no está dividido en parcelas, pues ninguno de nosotros, ni los más connotados y ungidos líderes de nuestras iglesias, fue ofrecido como sacrificio en la cruz por los pecados de la humanidad (ver 1 Corintios 1:13).

Para hacer incidencia socio-espiritual con eficacia, las iglesias de este tiempo necesitan retornar a la intención original del Padre, reencontrarse con su misión y hacerse *invisibles* para que el Señor de la Iglesia se haga cada vez más *visible* a los que están en tinieblas. También es necesario que regresemos al modelo de incidencia de Jesús y re-calibrar nuestros ministerios con el diseño original del Señor.

SELAH...

Al cierre de este capítulo, eleva nuevamente tu corazón al Señor y ríndete a la ministración de su Espíritu.

En cuanto a imagen y posicionamiento en la sociedad, a los líderes espirituales cristiano-evangélicos nos queda mucho camino por andar, y un gran escollo por superar: la falta de cohesión y sentido de cuerpo. Responde para ti mismo las siguientes preguntas:

1. ¿Podrá mi iglesia o ministerio incidir con eficacia en su territorio sin lograr primero la cohesión interna necesaria para ello? Jesucristo pidió a su Padre en oración: *"Yo en ellos, y tú en mí, para que sean perfectos en unidad, para que el mundo conozca que tú me enviaste."* (Juan 17:23 RVR 1960)

2. ¿Qué estoy haciendo actualmente para sacar a la calle a la poderosa iglesia de Jesucristo, caracterizada por el accionar continuo de Dios y el despliegue del poder transformador del Espíritu Santo?

3. ¿Se puede decir hoy de mi iglesia o ministerio lo que se dijo de los apóstoles y de los primeros seguidores de Jesucristo: *"estos que trastornan el mundo entero con su doctrina, también han llegado acá"*? (Hechos 17:6 RVR 1960)

Prepárate ahora para adentrarte en el siguiente capítulo, donde podrás descubrir cuáles son los factores que determinan que una iglesia o ministerio logre alto impacto en sus programas, proyectos y actividades de alcance evangelístico.

Capítulo 14

LIDERAZGO E IMPACTO EVANGELÍSTICO

"...Cuando predico el evangelio, no tengo de qué enorgullecerme,
ya que estoy bajo la obligación de hacerlo. ¡Ay de mí si
no predico el evangelio! (1 Corintios 9:16 NVI)

En el capítulo anterior dejamos establecida la verdad de que las personas son seres integrales e integrados que viven como pecadores en sistemas sociales y culturales que los esclavizan e intensifican la incidencia del pecado y la maldad. Esto implica que el evangelio no sólo debe tener respuesta para el individuo sino también para su entorno social y cultural, incluyendo el sistema predominante de creencias. En el presente capítulo analizaremos cuál ha sido el impacto de la labor evangelística de la Iglesia y propondremos enfoques y perspectivas para amplificar el impacto y hacer que los resultados de los esfuerzos de evangelización en tu país y en toda Hispanoamérica sean cada vez más significativos, y se sostengan en el tiempo.

Recientemente estuvimos examinando los resultados de un estudio que realizó *Pew Research Center* sobre *La Religión en América Latina,* los cuales fueron dados a conocer en el mes de noviembre de 2014. Con la aplicación de una encuesta que incluyó más de treinta mil entrevistas cara a cara realizadas entre octubre de 2013 y febrero 2014, este centro examinó afiliaciones, creencias y prácticas religiosas en dieciocho países en América Latina y el Caribe[97]. Los resultados están en un extenso documento que es digno de consideración y estudio por parte de los líderes de concilios e iglesias independientes de todo el continente. La siguiente tabla muestra la afiliación religiosa de los latinoamericanos, según la citada investigación:

PAÍS	EVANGÉLICOS	CATÓLICOS	SIN AFILIACIÓN RELIGIOSA	DE OTRAS RELIGIONES
Argentina	15%	71%	11%	3%
Bolivia	16%	77%	4%	3%
Brasil	26%	61%	8%	5%
Colombia	13%	79%	6%	2%
Costa Rica	25%	62%	9%	4%
Chile	17%	64%	16%	3%
Ecuador	13%	79%	5%	3%
El Salvador	36%	50%	12%	3%
Guatemala	41%	50%	6%	3%
Honduras	41%	46%	10%	2%
México	9%	81%	7%	4%
Nicaragua	40%	50%	7%	4%
Panamá	19%	70%	7%	4%
Paraguay	7%	89%	1%	2%
Perú	17%	76%	4%	3%
Puerto Rico	33%	56%	8%	2%
Rep. Dominicana	23%	57%	18%	2%
Uruguay	15%	42%	37%	6%
Venezuela	17%	73%	7%	4%
TOTAL REGIÓN AMÉRICA LATINA	19%	69%	8%	4%
Hispanos en EE.UU.	22%	55%	18%	5%

Nota: Los porcentajes pueden no totalizar 100 debido al redondeo.

Fuente: PEW Research Center

---

[97] Para conocer todos los resultados completos del estudio puede visitar: http://www.pewforum.org/2014/.../13/religion-in-latin-america/

El estudio revela que entre 1970 y 2014 (cuarenta y cuatro años), el número de creyentes evangélicos en América Latina aumentó de 4% a 19% (un 15%). Esto es 0,34% cada año. Entre los países con más altos porcentajes de evangélicos resaltan: Brasil (26%), Costa Rica (25%), El Salvador (36%), Guatemala (41%), Honduras (41%), Nicaragua (40%), Puerto Rico (33%) y República Dominicana (23%). La investigación también encontró que en esas cuatro décadas (1970 a 2014) el número de católicos se redujo de 92% a 69% (un 23%). Los entrevistados revelaron cuatro poderosas razones por las que abandonaron el catolicismo:

a) Buscaban una conexión más personal con Dios (81%).
b) Anhelaban disfrutar de otro estilo de adoración en una nueva iglesia (69%).
c) Deseaban un mayor énfasis en lo moral (60%).
d) Querían encontrar una iglesia que ayudara más a los miembros (59%).

Asimismo, se destaca al Pentecostalismo como el factor predominantemente responsable de este decrecimiento, pues muchos de los que abandonaron la religión católica, en la región, se hicieron fervientes seguidores de Jesucristo en iglesias que incorporan en su adoración creencias y prácticas carismáticas. Entre los países donde más decreció el catolicismo sobresalen: Honduras (- 47%), El Salvador (- 43%), Nicaragua (- 43%), Guatemala (- 41%), República Dominicana (- 37%), Brasil (- 31%), Costa Rica (- 31%), Puerto Rico (- 31%), Uruguay (- 21%), Argentina (- 20%), y Venezuela (- 20%).

Una categoría que llama poderosamente la atención es la de las personas que no poseen alguna afiliación religiosa, que aumentó de 4% a 8 % en toda la región. La inmensa mayoría de las personas sin afiliación religiosa se describió a sí misma como no perteneciente a una religión en particular, un menor porcentaje como atea o agnóstica[98]. En esta categoría resaltan los casos de: Uruguay (37%), República Dominicana (18%), Chile (16%), Hispanos en EE.UU. (15%), El Salvador (12%), Argentina (11%) y Honduras (10%). Estos datos señalan la realidad de que la iglesia evangélica en estos siete países pudiera estar requiriendo con urgencia refuerzo misionero (no tradicional) para el evangelismo y el discipulado, que sea sostenido durante un mínimo de diez a quince años con suficientes recursos humanos, espirituales, económicos y materiales.

Obviamente los resultados generales de la investigación completa no son alentadores para la iglesia evangélica latinoamericana. Los mismos deberían llamar nuestra atención y llevarnos a revisar nuestras estrategias de evangelismo y discipulado y a reajustar las prioridades y los focos de atención del ministerio cristiano y de la formación y acción misionera en nuestra región. Todos presuponemos que la misión y la prioridad número uno de la Iglesia del Señor en la tierra es alcanzar a los que se pierden con el evangelio y hacerlos fervientes discípulos de Jesucristo.

Considerando el informe de *Pew Research Center*, la pregunta obligada a hacernos ahora es: ¿Ha estado la iglesia evangélica latinoamericana cumpliendo de manera eficaz la Gran Comisión? Si los resultados de este estudio son cercanos a la realidad parece que, aunque se hayan estado llevando a cabo innumerables eventos, actividades y multitudinarias campañas de evangelización en todos esos años, los niveles de eficacia y efectividad en cuanto a hacer discípulos han sido de impacto reducido. Hemos calculado que si desde 1970 cada uno de los evangélicos de América Latina y el Caribe hubiéramos logrado hacer un (1) solo discípulo cada año, para el año 2000 ya se habrían ganado 536.870.912 discípulos[99]. Es

---

[98] El agnosticismo es una *"actitud filosófica que declara inaccesible al entendimiento humano todo conocimiento de lo divino y de lo que transciende a la experiencia"*. *Diccionario de la Real Academia de la Lengua Española*, edición del Tricentenario, 2013.

[99] La población de América Latina y el Caribe en el año 2000 era de 526.890.000 personas. Disponible en: http://www.cepal.org/es/datos-y-estadisticas

decir, toda la población del continente hubiera sido ganada para Jesucristo. Para junio de 2014 vivían en América Latina 612.000.000 de personas y el número de los que, según el referido estudio, se identificaron como evangélicos era sólo de 116.280.000 personas (un 19%). Antes de su ascensión Jesucristo dejó la siguiente encomienda a sus discípulos: *"Toda potestad me es dada en el cielo y en la tierra. Por tanto, id, y haced discípulos a todas las naciones, bautizándolos en el nombre del Padre, y del Hijo, y del Espíritu Santo; enseñándoles que guarden todas las cosas que os he mandado."* (Mateo 28:18–20 RVR1960)

La otra pregunta obligada aquí es ¿Cuáles son las causas fundamentales por las que la iglesia evangélica latinoamericana no ha logrado ganar su región para Cristo? En nuestra opinión, los resultados que hemos compartido apuntan a cuatro causas fundamentales que se conjugan en casi todos los países:

1) La Iglesia ha descuidado mantenerse enfocada en la Gran Comisión: *"id y haced discípulos".*
2) La Iglesia ha extraviado su finalidad original y se ha convertido en un fin en sí misma.
3) La Iglesia ha desviado su atención hacia objetivos distintos a los establecidos por su Cabeza.
4) La Iglesia se ha dejado amedrentar por los sistemas de este mundo y ha temido verse enfrentada a persecuciones.

No hay razones poderosas ni defendibles para tener una iglesia ineficaz en la tarea de hacer discípulos en nuestros países ni en nuestra región. El que encomendó esta misión a su Iglesia le garantizó que la eficacia en dicha tarea radicaba en la potestad que Él había recibido en el cielo y en la tierra (Mateo 28:18), por lo que nada haría imposible que la iglesia de Jesucristo lograra ser rotundamente victoriosa en su encomienda de hacer discípulos en todas las naciones. El Maestro mismo dijo que ni las puertas del infierno prevalecerían frente al imbatible avance de su Iglesia.

JUAN TOMÁS HIRALDO C.

Para entender mejor lo que está retrasando a la Iglesia en su misión de ganar al mundo para Cristo, es necesario que examinemos con un poco más de detenimiento las causas numeradas más arriba, teniendo como plataforma las enseñanzas expresas de la palabra de Dios:

1. **La Iglesia ha descuidado mantenerse enfocada en la Gran Comisión.** El mandato central del Maestro es ir y hacer discípulos a todas las naciones, bautizarles y enseñarles a guardar los mandatos del Señor. *Ir* tiene que ver con llegar a todo rincón de la tierra, testificando de Jesucristo y alcanzando a cada pecador con el evangelio transformador de Jesucristo (ver Hechos 18). Son innegables los grandes esfuerzos que hacen las iglesias en nuestros países y en toda la región para darse a conocer, utilizando la tecnología informática para predicar a Jesucristo dentro y fuera de sus naciones. La incógnita a resolver es: ¿Estamos seguros de que las iglesias están llegando de manera efectiva al mundo con la Luz Verdadera, o con un *"evangelio híbrido"*? Si la pesca está siendo infructuosa, es necesario cuestionar tanto el contenido del mensaje como a los mensajeros. Es probable que muchos hayan diluido el mensaje del evangelio con excelencia de palabras y sabiduría humana[100], lo que provoca que el impacto sea superficial (a nivel de los sentimientos), y aunque la gente escuche, escuche y escuche, su mente y su corazón no son impactados, por lo tanto no pueden responder rindiendo sus vidas al Señor. El otro aspecto es que en muchas iglesias no se hace el énfasis suficiente ni se es lo suficientemente sistemático para

---

[100] El apóstol Pablo se cuidó de esto cuando fue a predicar el evangelio en Corinto: *"Ni mi palabra ni mi predicación fue con palabras persuasivas de humana sabiduría, sino con demostración del Espíritu y de poder para que vuestra fe no esté fundada en la sabiduría de los hombres, sino en el poder de Dios."* (1 Corintios 2:4 y 5 RVR1960)

asegurar la retención y consolidación de los que creen. Hoy hay muchas iglesias implementando grandes iniciativas de alcance evangelístico, pero luego no saben qué hacer con los resultados de la pesca, pues no son intencionales en invertir recursos económicos, humanos y materiales en el afianzamiento y desarrollo de los nuevos creyentes.

2. **La Iglesia ha extraviado su finalidad original y se ha convertido en un fin en sí misma.** Jesucristo dijo a sus discípulos: *"Mirad los campos, porque ya están blancos para la siega"* (Juan 4:35 RVR 1960). En la enseñanza del Sembrador se comparó el mundo con un campo agrícola. La población objetivo de la Iglesia son las multitudes de personas que andan angustiadas, abatidas, desamparadas y dispersas como ovejas sin pastor (ver Mateo 9:36). La compasión de Cristo por la gente se manifestaba en su trabajo continuo en mostrarles el único camino para su reconciliación con Dios. La Iglesia tiene una razón triple para existir: Glorificar al Señor, edificar a los creyentes y alcanzar al mundo con el evangelio de Jesucristo. Esta es su finalidad, y en estas prioridades tiene que enfocar la vida de los creyentes, así como los recursos económicos, materiales y humanos que Dios le concede. Hoy abundan las iglesias que tienen sus ministerios vertidos hacia adentro de ellas mismas, de modo que para los perdidos encontrarse con Cristo tienen que llegar a ellas, cuando el mandato del Señor es salir a buscar a los que se pierden y hacerlos sus discípulos. Hoy se puede ver que algunos líderes están más preocupados y enfocados en la construcción de infraestructuras y ministerios exitosos donde la gente pueda acudir, mientras que usan la tecnología informática y las redes sociales para ampliar su alcance, haciendo un sobre-énfasis en actividades y eventos cuyo mayor resultado es la imagen y el posicionamiento de ellos mismos y de sus ministerios en el mercado religioso de sus países. La Iglesia no debe vivir

para sí, sino para completar la obra encomendada por el que la compró con su propia vida.

3. **La Iglesia ha desviado su atención hacia objetivos distintos a los establecidos por su Cabeza.** Muchas iglesias están ajetreadas con muchos buenos eventos y actividades, que consumen ingentes cantidades de recursos y muchas horas de trabajo, y al final se identifican pocos resultados en materia de discípulos hechos y creyentes consolidados. No debería extrañarnos si hubiera iglesias cuyo afán ministerial está reducido a la celebración de servicios, actividades y eventos para gastar en su propio deleite espiritual. ¿Cuál es el objetivo primordial de la Iglesia? ¿No es que los perdidos se hagan conscientes de su condición ante Dios, conozcan el único camino a la salvación y cómo entrar por él? Cualquier cosa que hagamos en la Iglesia que no apunte a este objetivo, nos hace fallar en honrar el motivo por el cual el Dios Eterno tomó forma humana y sacrificó su vida. La Iglesia debe dejar de hacer *cosas buenas* que la desenfocan de su objetivo primordial, y volver a hacer las obras que Dios preparó de antemano para lograr que los seres humanos se encuentren con Jesucristo y sean reconciliados con el Padre celestial. Muy bien lo expresaron los miembros del comité de evangelismo de una iglesia que estuvimos asesorando con su planeación estratégica ministerial: *"Las actividades de la iglesia no pueden enfocarse en otro objetivo que no sea el alcance de los perdidos y en el perfeccionamiento de los alcanzados, para que también ellos puedan alcanzar a otros. Los eventos planificados, las finanzas que se manejen y las funciones ministeriales que se establezcan no pueden enfocarse más en el servicio a sus miembros y al mantenimiento de la iglesia, que en alcanzar a los que viven sin Dios"*[101].

---

[101] *Estrategia de Evangelismo 2016-2025*, Congregación Cristiana, Inc. Santiago, Rep. Dominicana, junio 2016.

4. **La Iglesia se ha dejado amedrentar por los sistemas del mundo y ha temido verse enfrentada a persecuciones.**

Cuando Pedro y Juan sanaron al cojo que estaba en la puerta del templo, las autoridades religiosas los confrontaron y les preguntaron: *"¿Con qué potestad, o en qué nombre, habéis hecho vosotros esto?"* (Hechos 4:7 RVR 1960). Pedro lleno del Espíritu Santo les contestó: *"Sea notorio a todos vosotros que en el nombre de Jesucristo de Nazaret, por él éste hombre está en vuestra presencia sano."* (Hechos 4:10 RVR1960). Y se dijeron entre sí los líderes del sistema: *"Amenacémosles para que, de aquí en adelante, no hablen a ser humano alguno en este nombre. Y llamándolos, les intimaron que en ninguna manera hablasen ni enseñasen en el nombre de Jesús."* (Hechos 4:17, 18 RVR 1960). No debemos ignorar que los sistemas de este mundo, que han sido establecidos y operan bajo la influencia del maligno, no resisten que hablemos de Jesucristo y de su poder salvador, restaurador y sanador. Esto les molesta y les hace resentirse, por lo que recibiremos presiones por todos los medios y de todas las direcciones para amedrentarnos y lograr que nuestras bocas se cierren.

Tristemente tenemos que llegar a la conclusión de que si no se abordan estas cuatro causas con intencionalidad y con la sabiduría que viene del Padre, el impacto evangelístico de las iglesias en todos los países de América Latina y del planeta seguirá siendo reducido. Es necesario recalibrar nuestros ministerios y volver a hacer de la encomienda de Jesucristo la prioridad principal de la Iglesia como cuerpo, y de cada creyente como individuo. El objetivo más importante de la Iglesia es alcanzar a los perdidos y consolidarlos en la fe, una vez fueren encontrados. Ninguna de las actividades en nuestras iglesias debería tener más relevancia que buscar a los que se pierden. El Maestro dijo: *"Los sanos no tienen necesidad de médico, sino los que están enfermos."* (Lucas 5:31 RVR 1960)

Para contrarrestar el desenfoque que genera el activismo ministerial, los líderes espirituales debemos evitar ceder ante la presión de muchos creyentes de este tiempo que se han vuelto *"clientes y consumidores"* de los *"productos"* de nuestro liderazgo, quienes demandan constantemente actividades que los mantengan avivados, ocupados, entretenidos y encantados. Asimismo, para contrarrestar las presiones del enemigo, tenemos que buscar en el Espíritu de Dios la valentía y el denuedo que necesitamos para no dejarnos amedrentar por los sistemas de este mundo. Una iglesia amedrentada nunca podrá cumplir con efectividad la gran encomienda de Jesucristo. El Señor prometió respaldarnos como lo hizo con Pedro y Juan, por lo que podemos declarar de voz en cuello: *"No podemos dejar de decir lo que hemos visto y oído."* (Hechos 4:20 RVR 1960)

A la iglesia de Jesucristo le ha sido encargado el ministerio supremo de la reconciliación. Así lo dijo Pablo a los creyentes de Corinto: *"Y todo esto proviene del Señor, quien nos reconcilió consigo mismo por Cristo y nos dio el ministerio de la reconciliación; que Dios estaba en Cristo reconciliando consigo al mundo, no tomándole en cuenta a los hombres sus pecados, y nos encargó a nosotros la palabra de la reconciliación"* (2 Corintios 5:18, 19 RVR 1960). Jesucristo dejó en este mundo a su Iglesia para que, como embajadora suya, predique su evangelio para testimonio a todas las naciones. Él dio su vida para pagar por nuestros pecados, pero no sólo por los nuestros, sino también por los del mundo entero, y estas buenas noticias las tenemos que hacer llegar de manera contundente a todo el planeta y lograr que cada ser humano encuentre el camino de la reconciliación con su Creador.

SELAH...

Al cierre de este capítulo, eleva nuevamente tu corazón al Señor y ríndete a la ministración de su Espíritu.

Nuestro Maestro dijo: *"Si éstos callan, las piedras hablarán."* Responde para ti mismo la siguiente pregunta: ¿Estoy poniendo la suficiente diligencia para que las rocas no tomen mi lugar, tiempo y espacio en asegurar que, cada día, mucho más personas conozcan a Jesucristo y encuentren el tesoro de la vida eterna?

Anímate a declarar con tu boca: ¡No dejaré que ninguna piedra me reemplace, ni que ninguna roca predique en mi lugar! Jesucristo es el tesoro de la vida eterna viviendo en ti. Considera la gran riqueza que te ha regalado el Señor, un tesoro que no debes encubrir sino mostrar a todo el mundo el camino para encontrarlo. Pide al Señor cada día que te haga sentir la necesidad de dar por gracia lo que por su gracia has recibido.

Prepárate ahora para adentrarte en el siguiente capítulo, donde podrás descubrir dónde se encuentra la fuente de la capacidad espiritual que se requiere a cada líder cristiano, y cómo abrevar en ella para hacer contribuciones significativas y distintivas que favorezcan la extensión el Reino de Dios en tu país y fuera de él.

Capítulo 15

LIDERAZGO Y CAPACIDAD ESPIRITUAL

"No que seamos competentes por nosotros mismos para pensar algo como de nosotros mismos, sino que nuestra competencia proviene de Dios, el cual asimismo nos hizo ministros competentes de un nuevo pacto." (2 Corintios 3:5, 6 RVR 1960)

En el capítulo anterior dilucidamos los siguientes factores como causas que se conjugan para que la Iglesia de Jesucristo no esté siendo lo suficientemente eficaz en la tarea de hacer discípulos de todas las naciones:

1) Descuido en mantenerse enfocada en la Gran Comisión.
2) Extraviarse de la finalidad original y convertirse en un fin en sí misma.
3) Desviar su atención hacia objetivos distintos a los establecidos por la Cabeza.
4) Dejarse amedrentar por los sistemas del mundo, temiendo persecución.

¿Dónde reside la capacidad espiritual de un líder cristiano? ¿A caso depende de los años que tiene siendo creyente, de su experiencia ministerial, de sus años de educación superior o de los años de estudios en seminarios teológicos? Todas estas cosas son buenas, pero no son las que confieren capacidad espiritual a un líder cristiano. El presente capítulo te ayudará a comprender la verdad bíblica que establece que los líderes reciben su capacidad de la misma fuente que la recibió Jesucristo, y que es responsabilidad de cada uno cultivarla mediante disciplinas espirituales claves como la oración, la meditación en la Palabra y la comunión íntima con el Señor. La Palabra de Dios establece que el Espíritu Santo es la única fuente segura de la capacidad espiritual auténtica que necesita todo líder para ser útil a Dios y obrar su voluntad. Jesús recibió su capacidad espiritual del Espíritu del Señor. Ya vimos esto en el capítulo trece de este libro, cuando examinamos la misión de Jesús. Sabemos que él cultivó esa capacidad con la oración, la lectura de la ley del Señor y con tiempos de intimidad con su Padre. Mientras Jesucristo estuvo con sus discípulos, él fue su fuente[102] de capacidad espiritual, pero les prometió que luego de su partida (para estar a la diestra de la Majestad en los cielos) no los dejaría solos sino que les enviaría del Padre un acompañante que estaría con ellos y en ellos para siempre. Esta capacidad espiritual es comparada por el mismo Jesús con *"un río de agua viva"*.

La capacidad espiritual de un líder cristiano es una persona, el Espíritu Santo mismo. La palabra de Dios declara que el Espíritu Santo es nuestro entrenador y maestro. También es quien nos equipa, purifica con su fuego[103] y nos prepara para servir eficazmente en el ministerio, edificando el cuerpo de Cristo. Además es quien nos capacita para conocer, entender y obrar la voluntad de Dios. Es él quien nos da el denuedo y la valentía para predicar el evangelio, y quien nos hace llegar a la medida de la estatura de la plenitud de Cristo. El apóstol Juan escribió a sus hijos en la fe diciéndoles: *"Y en*

---

[102] *"...porque el Espíritu no había sido dado todavía, pues Jesús aún no había sido glorificado."* (Juan 7:39 RVR 1960)
[103] *"El fuego es elemento purificador. Separa la escoria del oro. Quema todo el rastrojo y limpia la vasija de toda impureza. Es el símbolo del Espíritu del Señor que limpia y purifica, quemando la escoria del pecado"* A. B. Simpson, *El Poder de lo Alto* (Barcelona: Editorial CLIE, 1989), 393.

cuanto a vosotros, la unción que recibisteis de Él permanece en vosotros, y no tenéis necesidad de que nadie os enseñe; pero así como su unción os enseña acerca de todas las cosas, y es verdadera y no mentira, y así como os ha enseñado, permanecéis en Él." (1 Juan 2:27 RVR 1960)

Esta capacidad espiritual es imprescindible para conocer a Dios, caminar con Él y ser testigos de Él. Así como el Dios Eterno se vistió con un cuerpo humano mediante la obra especial del Espíritu Santo, Jesucristo toma cuerpo en la Iglesia por el mismo Espíritu, Así también un pecador perdido que encuentra a Jesucristo puede recibir la implantación de una semilla incorruptible y eterna para el nacimiento de una nueva naturaleza, por el mismo Espíritu. El Espíritu Santo es el dispensador del poder que efectúa en los seguidores de Cristo las obras portentosas que le declaran al mundo la llegada del Reino de Dios. Esta es la capacidad espiritual a la que nos estamos refiriendo, la que debe recibir y cultivar todo líder espiritual auténtico y de la única que debe depender en su vida personal y ministerial.

Un detalle bien interesante de la obra del Espíritu Santo en un líder cristiano, es que lo capacita y habilita espiritualmente, incapacitándolo e inhabilitándolo en sus capacidades humanas, con la finalidad de que ningún líder se considere a sí mismo como una fuente alterna de capacidad y empoderamiento espiritual para nadie. El apóstol Pablo resaltó esto mismo a los Corintios diciéndoles: *"Pero tenemos este tesoro en vasos de barro, para que la extraordinaria grandeza del poder sea del Señor y no de nosotros."* (2 Corintios 4:7 LBLA). Con su bautismo, el Espíritu Santo confiere a los creyentes competencia espiritual y hace sus corazones dóciles para obrar la voluntad del Señor y vivir en ella.

La identidad que da el Espíritu

La capacidad espiritual de todo líder cristiano está vinculada a su identidad. La palabra del Señor nos enseña que el Espíritu Santo es quien da seguridad a nuestro espíritu de que somos hijos de Dios (Romanos 8:16). Es la presencia del Espíritu Santo que nos hace sentir seguros de la presencia permanente del Dios Eterno en nuestras vidas. El apóstol Juan afirmó esto con las siguientes palabras: *"En esto sabemos que permanecemos en Él y Él en nosotros: en que nos ha dado de su Espíritu"* (1 Juan 4:13 LBLA).[104] Si eres una hija o un hijo auténtico de Dios, el Espíritu dará evidencia de eso a los demás. Es por esta razón que somos advertidos de no entristecer al Espíritu con el que fuimos identificados como hijos de Dios para el día de la redención (ver Efesios 4:30).

¿Cómo identificar a un auténtico hijo de Dios? Todo el que ha nacido de Dios tiene unos distintivos que lo hacen inconfundible. La biología establece que los seres humanos tienen identidad en esencia (*genotipo*[105]) e identidad en apariencia (*fenotipo*[106]). En sentido metafórico, los que hemos nacido de Dios tenemos una especie de *"genotipo y fenotipo espiritual"*:

Genotipo Espiritual – Los nacidos del Espíritu tenemos la simiente o germen de Dios de manera permanente en nosotros, la cual nos impide practicar el pecado (ver 1 Juan 3:9). El apóstol Pedro dice que por las grandes promesas del Señor hemos llegado a ser partícipes de la naturaleza y la esencia divina, es decir que Él nos ha cedido los *"genes"* de su naturaleza (ver 2 Pedro 1:4). Estos *"genes"* nos han sido impartidos porque Jesucristo está en nosotros y hemos creído en el único Dios verdadero, quien lo ha enviado. El apóstol Pablo dice que por el Dios Eterno habernos compartido su naturaleza en Jesucristo, nosotros *"estamos completos en Él"* (Ver Colosenses 2:9, 10).

---

[104] Compárese 2 Corintios 1:22; Romanos 8:9.

[105] Se refiere al conjunto de los genes de un individuo. *Diccionario de la Real Academia de la Lengua Española*, edición del Tricentenario, 2013.

[106] Se refiere a la manifestación variable de los genes de un organismo en un determinado ambiente. *Diccionario de la Real Academia de la Lengua Española*.

Fenotipo Espiritual – Nuestra nueva naturaleza se pone de manifiesto en la reproducción del carácter de Cristo en nosotros, lo cual es una obra exclusiva del Espíritu Santo. Nadie por su propio esfuerzo e iniciativa podrá conformarse a Jesucristo. El amor es la manifestación más fehaciente de que en nosotros está el germen del Padre Celestial. Así lo dijo el Maestro: *"En esto conocerán todos que sois mis discípulos, si tuviereis amor los unos con los otros"* (Juan 13:35 RVR 1960). Dado que los hijos del Señor tenemos la naturaleza divina, se espera que sus frutos[107] se hagan evidentes en nuestro ser, sentir, pensar, hablar y andar. A los Gálatas, Pablo les compartió una lista del fruto del Espíritu y de las obras de la vieja naturaleza (ver Gálatas 5:19–23), los cuales ya revisamos cuando describimos las dimensiones de la integridad en el capítulo doce de este libro.

Ante la proliferación de tantos hombres y mujeres que en la actualidad proclaman haber sido llamados por Dios para ser ministros y ministras dentro de su Iglesia, y ante tantas situaciones desconcertantes que acaecen en las iglesias cristiano-evangélicas en toda Hispanoamérica, vale plantearse la interrogante: ¿Será necesario realizar "pruebas de ADN[108] espiritual" a los ministros cristianos de este tiempo, de modo que podamos identificar a aquéllos cuya capacidad espiritual proviene de una fuente dudosa? Esto no sería una idea absurda si consideramos el consejo del apóstol Juan a sus lectores, al decirles: *"no creáis a todo espíritu, sino probad los espíritus para ver si son del Señor, porque muchos falsos profetas han salido al mundo"* (1 Juan 4:1 RVR 1960). El Señor advirtió a su pueblo, por boca del profeta Jeremías que en medio de ellos surgirían personas que hablarían en su nombre sin Él haberlos enviado, ni haberles dado órdenes, ni haberles hablado; gente

---

[107] *"Por sus frutos los conoceréis."* (Mateo 7:16 RVR 1960)

[108] El código genético es un archivo biológico que guarda toda la información tanto nuestra como de nuestros ancestros. Las pruebas de ADN dan acceso a ella. Habitualmente se usan para determinar la relación entre dos individuos, o entre un individuo y una parte de él (sea tejido vivo, tejido muerto o secreciones).

que les estaría impartiendo visiones falsas, adivinación, así como vanidad y engaño de sus corazones. El Señor les advirtió que no les prestaran atención porque los estarían conduciendo hacia cosas vanas, contándoles visiones de su propia fantasía y no de la boca del Señor (ver Jeremías 14:14; y 23:16).

El Dios Eterno ha dejado escrito en su Palabra cuáles son las características de los ministros de Él y de los ministros que no son de Él. A los que no son de Él, un día Él les dirá: *"Nunca os conocí; apartaos de mí, hacedores de maldad"* (Mateo 7:22, 23 RVR 1960), aunque éstos hayan hecho muchas de las cosas que hacen los verdaderos ministros del Señor, incluyendo algunas con manifestaciones de poder sobrenatural. A los fariseos Jesús les dijo: *"Vosotros sois de vuestro padre el diablo, y los deseos de vuestro padre queréis hacer..."* (Juan 8:44 RVR 1960). Los fariseos eran gente moral y religiosamente correcta, gozaban de respeto y buena reputación; al menos externamente eran personas piadosas, enseñaban la ley del Señor, iban al templo frecuentemente y, todo el tiempo, hacían oraciones y ayunos, y sin embargo Jesús les llamó *"hijos del diablo"*.

Hoy hay muchos ministros y ministras no auténticos entre el pueblo de Dios, cada uno buscando su nicho ministerial. Algunos de los más sagaces e influyentes han conseguido emplear muy bien la tecnología informática y las redes sociales, por lo que no es difícil toparse con ellos en el entorno virtual. A otros hay que buscarlos con la lupa de la Palabra de Dios, pues sus enseñanzas son muy sutiles y están acicaladas con algo de verdad. Algunos de ellos estuvieron un tiempo en la Verdad, pero se han apartado de ella y se han dejado seducir por espíritus engañadores y doctrinas de demonios. Pablo dijo a Tito que esos ministros engañadores *"profesan conocer a Dios, pero con sus hechos lo niegan."* (Tito 1:16 RVR 1960)

La iluminación que da el Espíritu

Otro aspecto que se destaca en la capacidad espiritual de un líder cristiano es la luz que recibe del Espíritu para entender la

Palabra de Dios y conocer su voluntad. El apóstol Pedro declara que *"ninguna profecía de la Escritura puede ser interpretada por cuenta propia"* (ver 2 Pedro 1:20), aunque reconoce que las cartas del apóstol Pablo contienen *"algunos puntos difíciles de comprender".* En este aspecto, la diligencia y dedicación de los líderes en estudiar Las Escrituras, cual lo hicieron los cristianos de Berea[109], hará la diferencia. Cuando un líder cristiano carece de una instrucción espiritual adecuada y de fundamentos bíblicos sólidos corre el riesgo de interpretar erróneamente la Palabra de Dios, acarreando su propia perdición y la de los que le creen (ver 2 Pedro 3:16). Líderes espirituales ciegos no pueden guiar a creyentes ciegos, porque si lo hacen, todos corren el riesgo de tropezar y caer en agujeros, baches y cuevas relacionadas con su fe y su relación con Dios, de las cuales les será muy difícil escaparse.

Jesucristo dijo: *"Pero cuando venga el Espíritu de verdad, él os guiará a toda la verdad; porque no hablará por su propia cuenta, sino que hablará todo lo que oyere, y os hará saber las cosas que habrán de venir"* (Juan 16:13 RVR 1960). ¡Oh, si los líderes espirituales evitáramos siempre el hablar por nuestra propia cuenta, sino decir sólo lo que escuchamos del Señor cuando vierte iluminación sobre su Palabra, así como lo hace el Espíritu Santo! Los creyentes de Berea nos enseñan a todos a ser diligentes para investigar en Las Escrituras todo lo que escuchamos, vemos o leemos (aunque procedan de las bocas, de las plumas o de las manos de los más ungidos ministros y ministras hispanos o anglo parlantes) para evitar ser atrapados en doctrinas erróneas, que amenacen nuestra salud espiritual (ver Hechos 17:11). Así como en los creyentes *"recién nacidos"* el Espíritu Santo produce el deseo por la buena comida espiritual, también produce en los creyentes maduros el rechazo al alimento espiritual adulterado, contaminado y dañino (ver 1 Pedro 2:2).

---

[109] *"Éstos eran más nobles que los que estaban en Tesalónica, pues recibieron la palabra con toda solicitud, escudriñando cada día las Escrituras para ver si estas cosas eran así."* (Hechos 17:11 RVR1960)

El carácter que produce el Espíritu

Una parte significativa de la capacidad espiritual de un líder cristiano se manifiesta en su carácter. Para el Señor, un líder es una oveja tan necesitada de cuidado, alimentación, dirección, protección y corrección como las demás. Los líderes que ante el Señor son ovejas que escuchan su voz y le siguen, serán líderes más eficaces y productivos. En Ezequiel 34:17–22, se recoge la solemne reprensión del Dios Eterno a sus ovejas (su pueblo). Si bien esta profecía fue dada a un público específico, en una época específica (año 587 a.C.)[110], bien cierto es que la misma contiene una buena parte de las expectativas de nuestro Dios respecto a la conducta que deben exhibir sus ovejas en estos tiempos, así como del desempeño espiritual que deben demostrar en sus ministerios. Según el profeta Ezequiel, las siguientes son características distintivas de las auténticas ovejas del Señor:

1. Se distinguen claramente de las ovejas que no son de Dios.

2. Entienden que la comida buena es para todas las ovejas, y que no deben buscar sólo su bienestar sino también el de las demás ovejas.

3. Cuidan de que tanto el alimento como el agua disponible sean bien aprovechados por todas las ovejas, y que lo sobreabundante sea cuidadosamente preservado para que todo el rebaño pueda disfrutar de sus beneficios (es decir, cuando comen no pisotean la comida, y cuando beben no enturbian el agua con sus patas).

4. No disputan el alimento y el agua, y no agreden a sus pares para ellas tener mejores espacios y mayores beneficios; no acosan a las ovejas débiles con actitudes egoístas, ni las hacen sentir desestimadas hasta el punto que lo que más deseen éstas, sea salirse del rebaño.

---

[110] *Biblia de Referencia Thompson* (Miami, FL: Editorial Vida), 832.

A estas características, Jesucristo agregó las siguientes, recogidas en Juan 10:1–16. Las auténticas ovejas del Señor:

1. Conocen la voz de Dios y no prestan atención a las voces de los extraños.
2. Siguen a Dios y huyen de los extraños.
3. Saben que hay una sola puerta (Cristo) para entrar al redil.
4. Saben que sólo siguiendo a Jesucristo podrán encontrar los mejores pastos para su alimentación.
5. Reconocen a Cristo como la fuente de su vitalidad y de la vida en abundancia.
6. Pueden distinguir al pastor que ejerce por amor y vocación, del que lo hace por ganancia o conveniencia.
7. Saben quién se preocupa por ellas y las ama hasta el punto de sacrificar su vida, y quién sólo las utiliza para engrosar sus bancas y tener garantía de ingresos económicos.

Para todo líder que se considera una verdadera oveja de Jesucristo, este conjunto de características son su espejo y a la vez su filtro. Ezequiel dice que el Señor, Él mismo, va a juzgar entre ovejas y ovejas, entre carneros y cabras, y que sacará sus verdaderas ovejas de entre las que las maltratan y se aprovechan de sus debilidades. El salmista David hizo esta oración que también debe ser la oración de todo líder que sirve en el ministerio cristiano: *"Examíname, oh Dios, y conoce mi corazón; pruébame y conoce mis pensamientos; y ve si hay en mí camino de perversidad, y guíame en el camino eterno."* (Salmo 139:23, 24 RVR 1960)

¿Cómo identificar el carácter que produce el Espíritu en un líder cristiano auténtico? El rey Salomón escribió: *"En el agua se refleja el rostro, y en el corazón se refleja la persona"* (Proverbios 27:19 NVI). El contenido de la mente crea el carácter del ser humano. El hombre y la mujer desarrollan una identidad que refleja lo que hay en sus pensamientos. Hoy la psicología afirma que el comportamiento humano es la versión tangible de sus pensamientos y de sus modelos mentales. Esto lo confirmó el apóstol pablo cuando dijo: *"Sean transformados mediante la renovación de su mente."* (Romanos 12:2 NVI)

Nuestra mente, referida muchas veces en Las Escrituras como el *"corazón"*, fue diseñada por nuestro Creador para determinar y controlar la conducta del ser humano, y es allí donde se libran las mayores batallas entre nuestro nuevo hombre interior (liderado por el Espíritu Santo) y nuestra naturaleza caída que se inclina de continuo hacia el mal. Por eso decía Salomón a su hijo: *"No pierdas de vista mis palabras; guárdalas muy dentro de tu corazón. Ellas dan vida a quienes las hallan; son la salud del cuerpo. Por sobre todas las cosas cuida tu corazón, porque de él mana la vida."* (Proverbios 4:21–23 NVI)

Lo que hace distinto el comportamiento y la conducta de un líder espiritual *auténtico* respecto de uno *falsificado*, aparte de que tiene la Simiente de Dios (Jesucristo) en él, así como la presencia de su Santo Espíritu, es lo mucho que la Palabra del Señor haya saturado su mente (corazón). El hombre y la mujer descritos en el Salmo 1:1-3 meditan en la Ley del Señor de día y de noche y encuentran gran deleite en ella. Esto quiere decir que pasan sus horas productivas y de reposo con sus mentes puestas a remojar en la Palabra de Dios.

La paz y el equilibrio psico-emocional que muchos líderes espirituales necesitan hoy, sólo pueden ser impartidos por Jesucristo a aquéllos hombres y mujeres cuyos pensamientos en Dios perseveran (ver Isaías 26:3). La prosperidad y el éxito por los que tantos líderes batallan hoy, los da Dios como añadidura a aquéllos que tienen Su Palabra continuamente en su boca, que la atesoran y se deleitan en su continua meditación, y cuyo comportamiento y conducta son consistentes con las demandas escritas en ella (ver Josué 1:8). Es el anhelo del Señor que la palabra de Jesucristo habite en abundancia en nuestras mentes/corazones (ver Colosenses 3:16) porque sólo así no se apartarán de nuestra boca y servirán de calibrador para nuestra conducta.

Jesús dijo a los fariseos: *"De la abundancia del corazón habla la boca."* (Mateo 12:34b RVR1960). El que tiene una mente (corazón) impregnada de la Palabra del Señor tiene un tesoro, del cual sólo puede sacar cosas buenas (ver Lucas 6:45). Necesitamos hacer lo necesario para que la Palabra de Dios sature nuestras mentes, porque es lo único que producirá la transformación que todos necesitamos para experimentar en nuestras vidas y ministerios la buena voluntad de Dios, que es agradable y perfecta (ver Romanos 12:2).

El avivamiento que produce el Espíritu

A medida que se van acercando los días finales de un año, una buena parte de los líderes cristianos animan a sus congregaciones a renovar su compromiso con el Señor, y abren paso a una serie de prédicas sobre la necesidad que tienen de experimentar un avivamiento (una unción fresca o un nuevo fluir del Espíritu) para superar su actual estado como iglesia y obtener resultados mejores que los alcanzados en el último año.

No es un secreto para nadie que en el tiempo presente hay un triste descenso de la vitalidad espiritual en un importante número de iglesias cristianas en todo el mundo. Algunas están sobreviviendo en base al auto-consumo de las *"calorías y proteínas"* que todavía les quedan de la gloria y progreso que tuvieron en el pasado, otras sobreviven en base a estrategias y tácticas puramente humanas. A los fines de contrarrestar tal estado, no faltan los retiros, vigilias, ayunos y clamores en busca de que el Señor las *"avive"*, y de que en ellas se vuelvan a ver las extraordinarias manifestaciones del poder de Dios. Pero nada parece cambiar de manera significativa.

El profeta Isaías señaló al pueblo de Israel cuál era la causa de la aparente indiferencia del Dios Eterno para con ellos: *"He aquí que no se ha acortado la mano de Jehová para salvar, ni se ha agravado su oído para oír; pero vuestras iniquidades han hecho división entre vosotros y vuestro Dios, y vuestros pecados han hecho ocultar de vosotros su rostro para no oír"* (Isaías 59:1, 2 RVR 1960). Hoy causa tristeza ver como muchos líderes cristianos y sus iglesias han recurrido a la realización de constantes actividades y eventos como estrategias para atraer y retener concurrencia de creyentes y no creyentes, y mostrar con ello *"lo alto"* que está (o se mantiene) su nivel de vitalidad ministerial.

Reconociendo la existencia de destacadas excepciones, podemos decir que con el híper activismo que vemos hoy, muchos líderes espirituales y sus iglesias han caído en la trampa del auto-engaño pues, en el fondo, ellos mismos están conscientes de que como *casa espiritual* ya no son lo que eran antes, y que lo que en ellas la gente está viendo no es más que un conjunto de artilugios[111] que sólo traen dinamismo y entusiasmo momentáneo, causando en las ovejas una especie de *"efecto placebo"*[112] que mitiga sus ansiedades espirituales y ayuda a disimular la carencia de vitalidad espiritual que los abate como cuerpo. Este era el caso del líder (ángel) en la iglesia de Sardis a quien el Espíritu le escribió por manos del apóstol Juan diciéndole: *"Yo conozco tus obras, que tienes nombre de que vives, y estás muerto"* (Apocalipsis 3:1b RVR 1960).

En las iglesias de nuestros días, la recuperación de la vitalidad espiritual no será por el carisma, la capacidad de convencimiento, influencia ni elocuencia de ningún líder humano, *"..., sino por mi Espíritu —dice el Señor Todopoderoso—"* (Zacarías 4:6NVI). Para lograr el avivamiento que produce el Espíritu, con resultados que se prolonguen en el tiempo, las iglesias y los líderes espirituales de este tiempo necesitan:

---

[111] Son artificios empleados con sagacidad como parte de un plan para alcanzar un fin. *Diccionario de la Real Academia de la Lengua Española*, edición del Tricentenario, 2013.

[112] Se llama así al *"efecto terapéutico que produce una sustancia inerte"*. (Stewart Williams, 2004). El término "placebo" hace referencia al hecho de que en tratamientos se utilizaban sustancias inertes para complacer a los pacientes ansiosos. Disponible en: http://institutodepsicofarmacologia.com/conceptos-generales-psicofarmacologia/el-efecto-placebo/efecto-placebo-psiquiatria

1. **Reencontrarse con su fuente de vitalidad** – *"Porque en ti está la fuente de la vida; en tu luz vemos la luz."* (Salmo 36:9 RVR 1960)

2. **Ser humildes para con el Dios Eterno y temer a su Palabra** – *"...a éste miraré: al que es humilde y contrito de espíritu, y que tiembla ante mi palabra."* (Isaías 66:2 RVR 1960)

3. **Rendirse por entero en sacrificio a Dios** – *"Los sacrificios del Señor son el espíritu quebrantado; al corazón contrito y humillado no despreciarás tú, oh Dios."* (Salmo 51:17 RVR 1960) Y *"...os ruego por las misericordias de Dios, que presentéis vuestros cuerpos en sacrificio vivo, santo, agradable a Dios, que es vuestro culto racional."* (Romanos 12:1 RVR 1960)

4. **Evidenciar humillación y arrepentimiento** – *"Si se humilla mi pueblo sobre el cual es invocado mi nombre, y oran, buscan mi rostro y se vuelven de sus malos caminos, entonces yo oiré desde los cielos, perdonaré su pecado y sanaré su tierra."* (2 Crónicas 7:14 RVR 1960)

5. **Volver a hacer las primeras obras** – *"Recuerda, por tanto, de dónde has caído y arrepiéntete, y haz las obras que hiciste al principio; si no, vendré a ti y quitaré tu candelabro de su lugar, si no te arrepientes."* (Apocalipsis 2:5 RVR 1960)

SELAH...

Al cierre de este capítulo, eleva nuevamente tu corazón al Señor y ríndete a la ministración de su Espíritu.

Para construir la capacidad espiritual de los líderes cristianos es necesario que éstos rindan sus vidas al control absoluto del Espíritu Santo, tanto en lo personal como en lo ministerial. Responde para ti mismo las siguientes preguntas:

1. ¿A qué fuente estoy acudiendo para fortalecer, desarrollar y sostener mi capacidad espiritual? Si te equivocas de fuente, nada parecido a lo ocurrido el día de Pentecostés y en los subsiguientes años de la iglesia primitiva podrá ser experimentado en ti, ni en el pueblo del Señor que está bajo tu liderazgo y cuidado.

2. ¿Estoy poniendo la suficiente diligencia en enfocar mi vida y ministerio en la búsqueda incesante del rostro del Señor, el arrepentimiento genuino y el reconocimiento de mi insuficiencia para obrar su voluntad?

3. Si el Señor te dijera hoy "Yo conozco tus obras", como líder cristiano ¿te sentirías alabado o reprendido?

Recuerda que "Todas las cosas están al descubierto y desnudas ante los ojos de aquel a quien tenemos que dar cuenta" (Hebreos 4:13 LBLA). Prepárate ahora para adentrarte en el siguiente capítulo, donde podrás conocer cómo desempeñarte a la altura de las expectativas que el Señor se hizo de ti, al poner sobre tu vida su unción y llamarte al ministerio, asignándote la responsabilidad de ser un administrador de Dios.

Capítulo 16

EL LÍDER COMO ADMINISTRADOR DE DIOS

"...téngannos los hombres por servidores de Cristo, y administradores de los misterios de Dios." (1 Corintios 4:1 RVR 1960)

En el capítulo anterior dejamos establecido que la capacidad de un líder cristiano auténtico reside en una persona, el Espíritu Santo, quien ha sido enviado por el Dios Eterno para ser el entrenador y maestro de todos los creyentes, con especialdad de Su equipo de liderazgo. Es el Espíritu Santo quien nos equipa, purifica con su fuego y nos prepara para servir eficazmente en la obra del ministerio. Además es quien nos capacita para conocer, entender y obrar la voluntad de Dios, y quien nos conduce por el camino para alcanzar la medida de la estatura de la plenitud de Cristo. En el presente capítulo podrás hacerte más consciente de tu verdadero rol como líder en el ministerio cristiano, identificar cómo cumplirlo con fidelidad y cómo desempeñarte a la altura de las expectativas del Dueño de la Iglesia.

A los creyentes que hemos sido llamados por Dios al liderazgo espiritual se nos ha asignado el rol de un siervo y las funciones de un administrador. El servicio tiene que estar dirigido a Cristo y la administración enfocada en los misterios de Dios. Entender esto nos ayudará a desempeñarnos a la altura de las expectativas de nuestro

Señor y a hacer contribuciones significativas al ministerio cristiano en el que hemos sido plantados por Dios. En las páginas que siguen examinaremos el rol, las funciones y las responsabilidades de un líder espiritual como administrador de Dios.

En el Nuevo Testamento, el adjetivo "Administrador" es la traducción de la palabra griega *oikonomos*, que es la combinación de los vocablos *oikos* (una casa) y *nemo* (una costumbre, una ley, una orden). En varios pasajes de la biblia es traducida como mayordomo, tesorero y dispensador. Se usa metafóricamente, y en sentido amplio, de los predicadores del evangelio, maestros de la Palabra, ancianos y obispos de las iglesias, y de los creyentes en general[113].

Para entender de manera adecuada nuestro rol como administradores de Dios, es fundamental que tengamos una comprensión adecuada del señorío de Jesucristo. El Dios Eterno concedió a su hijo Jesucristo el ser Señor y Dueño de todo lo creado. El apóstol Pablo lo explicó a los creyentes de Colosas con las siguientes palabras: *"...en Él fueron creadas todas las cosas, tanto en los cielos como en la tierra, visibles e invisibles; ya sean tronos o dominios o poderes o autoridades; todo ha sido creado por medio de Él y para Él."* (Colosenses 1:16 LBLA)

Nosotros somos propiedad de Dios tanto por creación como por adquisición. Somos su nueva creación en Cristo y, como todo lo demás, fuimos creados también para Cristo. Además, el Señor nos compró pagando con la vida de Jesucristo. Por el alto precio que fue pagado por nosotros, cuando recibimos a Cristo como Señor y Salvador, nuestro cuerpo, mente y espíritu pasan a ser completamente de Él y para Él (ver 1 Corintios 6:20).

¿Cuál es el alcance de nuestro rol y nuestras funciones como administradores de Dios? Las Escrituras nos enseñan que servimos al Señor mediante la administración de **aspectos de la vida espiritual** tales como la salvación, la evangelización, la Palabra

---

[113] W. E. Vine, *Diccionario expositivo de Palabras del Nuevo Testamento*, Volumen I (CLIE, 1984), 44-45.

de Dios, nuestra condición de siervos de Dios, los dones de Dios y nuestras relaciones con los demás. Exploremos en detalle cada uno de estos aspectos:

1. **Administradores de la salvación** – Nuestra salvación es un regalo de Dios en Cristo. Una dádiva que recibimos por pura gracia y mediante la fe, sin que hayamos hecho nada para merecerla (ver Efesios 2:8, 9). La salvación es una obra perfecta con la que su Autor hace perfectos para siempre a aquéllos que Él está santificando (ver Hebreos 10:14). La obra de Jesucristo en la cruz ha hecho posible una salvación perpetua a los que por medio de Él se reconcilian con Dios, y ésa salvación es sostenida por Él mismo mediante su constante intercesión a la diestra de Dios en favor de los creyentes.[114] Como administradores de la salvación se espera de nosotros que no intentemos adicionarle nada para conservar sus garantías. Somos salvos por lo que Jesucristo hizo y nos mantenemos salvos, no por nuestros esfuerzos, sino porque Él vive perpetuamente para interceder por nosotros ante el Dios de toda justicia. El autor a los hebreos resume de manera bien explícita lo que se espera que hagamos con la Salvación que pertenece a Dios: *"Por eso es necesario que prestemos más atención a lo que hemos oído, no sea que perdamos el rumbo. Porque, si el mensaje anunciado por los ángeles tuvo validez, y toda transgresión y desobediencia recibió su justo castigo, ¿cómo escaparemos nosotros si descuidamos una salvación tan grande?"* (Hebreos 2:1-3a NVI). Todo el que se mantiene sumergido en constante transgresión y desobediencia, mostrará con sus frutos que no ha recibido la perfecta y eterna salvación de Dios, pues el que practica el pecado no sirve al Señor sino que es esclavo del diablo y

---

[114] *"Él también es poderoso para salvar para siempre a los que por medio de Él se acercan a Dios, puesto que vive perpetuamente para interceder por ellos."* (Hebreos 7:25 LBLA)

de su pecado, y en tales condiciones nunca verá el rostro de Dios el Padre (ver 1 Juan 3:8).

2. **Administradores del Evangelio** – El apóstol Pablo dijo que el evangelio fue un misterio de Dios que estuvo escondido desde los siglos y edades hasta que llegó Jesucristo. La riqueza de la gloria de este misterio es que ahora el Dios Eterno puede vivir en nosotros por la persona de Cristo, lo cual nos hace tener esperanza de eterna salvación (ver Colosenses 1:26, 27). Como administradores de Dios se espera que anunciemos este evangelio de manera cabal en todas partes, no predicándonos a nosotros mismos sino a Cristo como Señor y Salvador (ver 2 Corintios 4:5). También se espera que ninguno de nosotros se auto-designe como ministro del evangelio, pues quien nos hace ministros es Dios mismo (ver Colosenses 1:25). Este evangelio debe anunciarse tanto cuando es posible como cuando no hay oportunidades ni facilidades para ello. Debemos estar conscientes de que anunciar el evangelio cumplidamente con denuedo y valentía, implica lucha y arduo trabajo, lo cual es imposible hacer si dependemos de nuestras propias fuerzas, capacidades y recursos. Sólo será posible si dependemos de la manifestación extraordinaria del poder de Dios en nosotros (ver Colosenses 1:29). El evangelio es un tesoro en vasijas de barro, para que sea reconocida sólo la extraordinaria grandeza del poder del Señor, y nadie se jacte en su presencia (ver 2 Corintios 4:7).

3. **Administradores de la Palabra de Dios** – El apóstol Pablo enseñó a Tito que todo líder espiritual, por ser un administrador de Dios, tiene que ser *"retenedor de la palabra fiel tal y como ha sido enseñada, para que pueda exhortar con sana enseñanza y convencer a los que contradicen."* (Tito 1:9 RVR 1960). Aunque esta cualidad se especificó para la escogencia de los obispos, nadie puede objetar que ésta es también una expectativa del Señor para todos los líderes en sentido

general. A los creyentes sólo debe enseñarse lo que está de acuerdo con la sana doctrina, pues su apego a ésta evitará que muchos líderes y sus iglesias naufraguen en cuanto a la fe. Un buen administrador de la Palabra de Dios tiene que ser fiel a ella. Con esto queremos significar que debe evitar adoptar y promover, sin el debido discernimiento, las enseñanzas de otros líderes. Por más que éstos merezcan nuestra consideración y respeto, no se puede caer en la *admiración irreflexiva*. Como administradores de la Palabra de Dios, los líderes espirituales debemos estar vigilantes para evitar que gente envanecida, que no entiende adecuadamente los misterios de Dios, introduzca en las iglesias "modernismos doctrinales" que no son consistentes con las sanas palabras de nuestro Señor Jesucristo (ver 1 Timoteo 6:3, 4). Por último, como administradores de la Palabra de Dios debemos tomar esta responsabilidad con solemnidad, pues tenemos que hablar de Cristo a todos con sinceridad, como de parte del Señor y delante del Señor, poniendo siempre de manifiesto la verdad (ver 2 Corintios 2:17; y 4:2).

4. **Administradores de nuestra condición de siervos** – La cualidad más destacada de todo líder espiritual auténtico debe ser la de *siervo*, condición en la que deberá asemejarse a su Maestro (ver Marcos 10:45). Señor hay uno solo: el Dios Eterno, quien al humanizarse se hizo siervo. Todos los creyentes somos siervos, mayormente los que nos encontramos en posiciones de liderazgo, donde el servicio ha de convertirse en nuestra manera más elocuente de liderar. El apóstol Pablo escribió una enseñanza a los filipenses que nos viene bien a todos en nuestra condición de siervos del Señor y de los creyentes: *"Nada hagáis por contienda o por vanagloria; antes bien con humildad, estimando cada uno a los demás como superiores a él mismo; no mirando cada uno por lo suyo propio, sino cada cual también por lo de*

los otros" (Filipenses 2:3, 4 RVR 1960). Si alguno se siente ser señor de los demás, siempre esperará y demandará que le sirvan y jamás procurará servir. Finalmente, como administradores de nuestra condición de siervos, nada debemos hacer o decir que le acarree deshonra a nuestro Señor o que le traiga vergüenza a nuestras familias, siendo diligentes en presentarnos aprobados delante del Señor y de las personas (ver 2 Timoteo 2:15)[115].

5. **Administradores de los dones espirituales recibidos** – La administración de los dones de Dios comienza con el cambio de nuestros modelos mentales. El Dios Eterno dio los dones del Espíritu con la intención expresa de que, con ellos, se le redituara gloria a Jesucristo y se edificara su iglesia. Los dones que hemos recibido son un depósito sagrado del Señor que debemos administrar de tal manera que, al ejercitarlos, demos cumplimiento a la intención original del Padre celestial. Para administrar bien los dones, cada recipiente debe desarrollar un concepto equilibrado de sí mismo (ver Romanos 12:3), evitando la arrogancia, el envanecimiento y la búsqueda de la auto exaltación. Como buenos mayordomos tenemos que administrar los dones recibidos sin envidiar o poner estorbo a los dones que otros han recibido, entendiendo que todos los miembros del cuerpo no podemos tener la misma función. Todos formamos el cuerpo místico de Cristo, y en él todos nos complementamos y somos interdependientes (ver Romanos 12:6–8).

6. **Administradores de nuestras relaciones con los otros** – El amor de Dios es la fuerza impulsora de las buenas relaciones con el prójimo. Este amor ha sido derramado en nuestros corazones por su Espíritu (ver Romanos 5:5). Como fieles

---

[115] Compárese con 1 Timoteo 3:7 – *"Debe gozar también de una buena reputación entre los de afuera de la iglesia, para que no caiga en descrédito y en el lazo del diablo."* (LBLA)

administradores de Dios tenemos que dispensar a los demás un amor fraternal, sin fingimiento, prefiriendo que cuando se tratare de recibir honor, éste le sea concedido a los otros (ver Romanos 12:9, 10). Los líderes espirituales debemos evitar tener actitudes y conductas egoístas que vayan en detrimento del bienestar de los demás. El apóstol Pablo animó a los filipenses a hacer las cosas con humildad, procurando no sólo el bienestar propio sino también el de los demás. Sabemos que las personas se comportan como se conciben a ellas mismas, y tratan a los demás según los conciben. Quien se considera como superior, considerará a los demás como inferiores y de esa manera los tratará[116].

Es el deseo del Señor que tengamos un corazón dispuesto a contribuir en la mitigación de las necesidades de los creyentes, incluyendo las de alojamiento temporal, evitando las murmuraciones. Un buen administrador de relaciones no da albergue al resentimiento ni guarda rencor contra los que le maltratan o persiguen. Su corazón no es altivo, no siente repulsión por las personas de condición humilde y muestra empatía tanto con los que ríen como con los que lloran, promoviendo la avenencia y la concordia. Además rechaza la sed de venganza, el deseo de pagar mal por mal y procura vivir en paz con todas las personas, hasta donde esto sea posible (ver Romanos 12:13–19).

Las Escrituras también nos enseñan que servimos al Señor mediante la administración de **aspectos de la vida física** tales como el cuerpo, la lengua, la mente, el tiempo y el dinero. Exploremos, también, con detalles cada uno de estos aspectos:

---

[116] Por esta razón el apóstol Pablo escribió este principio que es fundamental para la gestión de nuestras relaciones con los demás: *"Nada hagáis por contienda o por vanagloria; antes bien con humildad, estimando cada uno a los demás como superiores a él mismo."* (Filipenses 2:3 RVR 1960)

1. **Administradores del cuerpo** – El cuerpo de Cristo está formado por los cuerpos de los creyentes. Pablo preguntó a los corintios: *"¿No sabéis que vuestros cuerpos son miembros de Cristo?"* (1 Corintios 6:15 RVR 1960) y *"¿...ignoráis que vuestro cuerpo es templo del Espíritu Santo...y que no sois vuestros?"* (1 Corintios 6:19 RVR 1960). Nuestros cuerpos son propiedad del Señor, lo mismo que todo nuestro ser; no somos dueños de ellos sino administradores y tendremos que rendir cuentas al Dueño de ellos. Nuestros cuerpos son un depósito sagrado del Señor en nosotros. A los corintios se les dijo: *"el cuerpo es para el Señor y el Señor para el cuerpo"*, sabiendo que el Dios Eterno glorificará nuestros cuerpos así como glorificó el cuerpo de Jesús con su resurrección (ver 1 Corintios 6:13b, 14). Así entonces, como administradores del cuerpo, tenemos que evitar ser dominados por los apetitos del mismo, al punto de llegar a pecar contra nuestros cuerpos, estando conscientes de que aún muchas cosas que son lícitas pueden ser no convenientes para nosotros y como fieles administradores las debemos evitar. El apóstol cierra este asunto con una declaración solemne: *"Glorificad pues a Dios en vuestro cuerpo y en vuestro espíritu, los cuales son de Dios."* (1 Corintios 6:20 RVR 1960)

2. **Administradores de la lengua** – La lengua es un instrumento de la mente y un agente del corazón. Cuando los corazones de las personas están en tinieblas, sus lenguas pueden ser empleadas como agentes de las tinieblas, pasibles de ser utilizadas para generar y propalar maledicencias, chismes, calumnias y vanas palabrerías, cosas que sólo ocurren por influencia directa del infierno (ver Santiago 3:6). El apóstol Santiago describe la lengua como *"un fuego, un mundo de maldad, lleno de veneno mortal"* con la capacidad de contaminar todo nuestro cuerpo. Nuestras lenguas no pueden ser dominadas por nosotros mismos, pero si bien administradas con el fruto del dominio propio que el Espíritu hace crecer

en nosotros. Lo que sale de nuestra boca delata lo que hay en nuestros corazones; si en ellos tenemos un *buen tesoro*, sacaremos buenas y agradables cosas; si por el contrario tenemos un *mal tesoro*, sacaremos amarguras y malas cosas (ver Santiago 3:10–12). Los dichos de nuestra boca tienen que ser gratos y nuestras palabras tener finalidad y sentido porque *"de toda palabra ociosa que hablen los hombres, de ella darán cuenta..."* (Mateo 12:36 RVR 1960). Una palabra ociosa es aquella que no tiene un fin provechoso o edificante. Como líderes espirituales debemos cuidarnos de la incontinencia verbal. El proverbista dijo: *"El que guarda su boca, guarda su alma, pero el que mucho abre sus labios tendrá calamidad; el que guarda su boca y su lengua, su alma guarda de angustias."* (Proverbios 13:3, y 21:23 RVR 1960)

3. **Administradores del tiempo** – La adecuada administración del tiempo es muestra de sabiduría y de un apropiado uso de la razón. El desperdicio del tiempo es característico de una mente insulsa que desconoce la voluntad del Señor. El tiempo es un recurso inexorable de incalculable valor. En su caminar, todo líder espiritual debe redimir el tiempo y sacarle el mejor provecho, siendo diligente en emplearlo para el cumplimiento de la voluntad del Señor (ver Efesios 5:15-17). Un buen administrador del tiempo es una persona diligente, oportuna, proactiva y enemiga de la pereza. Debemos gestionar el tiempo como administradores de él y no como dueños, pues daremos cuenta a Dios del uso que hicimos del tiempo que nos entregó. Los líderes espirituales debemos cuidarnos de desperdiciadores del tiempo tales como el entretenimiento desmedido y el sobre uso de las redes sociales; ante todo, debemos evitar tener una mente ociosa. El apóstol Pablo aconsejó a los filipenses a ocupar sus mentes en *"todo lo que es verdadero, lo honesto, lo justo, lo puro, lo amable, lo que es de buen nombre; en todo lo que tenga virtud alguna y sea digno de alabanza."* (Filipenses 4:8 LBLA)

4. **Administradores del dinero** – Los recursos económicos que generamos a través de los empleos o medios de producción son una dádiva del Señor. Es bueno que comprendamos que nuestro sostenimiento no depende de nuestros salarios ni de nuestras capacidades para la generación de ingresos, sino de lo que Dios provee por su gracia y su misericordia. Él es nuestro sustentador y usa los empleos y los negocios como instrumentos para el cumplimiento de sus promesas, de modo que aunque no tengamos fuentes de ingresos seguras o nuestros negocios no estén siendo rentables, nada nos faltará. El dinero se puede convertir en un ídolo cuando esperamos en él, dependemos de él y nos refugiamos en él. También cuando entramos en pánico y nos ponemos ansiosos y depresivos ante su escasez o ante la incertidumbre de conseguirlo cuando lo necesitamos. La buena administración del dinero se fundamenta en el reconocimiento del señorío de Cristo. Él es el dueño del oro y la plata. Como administradores del dinero del Señor, él espera que no lo defraudemos (ver Malaquías 3:8–10). Además que lo podamos usar con eficacia para atender nuestras necesidades y las de nuestras familias, así como compartir con los necesitados y proveer para las necesidades de Su obra, siendo generosos y frugales, haciendo tesoros en los cielos y no en la tierra (ver 2 Corintios 9:6–10).

A todo el que administra lo que no es suyo, en algún momento le pedirán cuenta, y su gran honra será ser hallado fiel (ver 1 Corintios 4:2), lo contrario será su deshonra. *"Después de mucho tiempo vino el señor de aquellos siervos, y arregló cuentas con ellos"* (Mateo 25:19 RVR 1960). ¿Te das cuenta de las grandes expectativas que tiene nuestro Dios de los hombres y mujeres a quienes Él asigna el rol de administradores? Ser administrador de lo que es de Dios, además de ser una distinción y un privilegio, es una solemne responsabilidad que debe ser desempeñada con integridad y fidelidad para que en nuestra rendición de cuentas podamos escuchar del Señor las siguientes palabras: *"Bien, siervo bueno y fiel; en lo poco fuiste fiel, sobre mucho te pondré; entra en el gozo de tu señor."* (Mateo 25:21 LBLA)

SELAH...

Al cierre de este capítulo, eleva nuevamente tu corazón al Señor y ríndete a la ministración de su Espíritu.

"Se requiere de los administradores que cada uno sea hallado fiel" (1 Corintios 4:2 LBLA). El Dios Eterno es el dueño de todo, nosotros de nada. Responde para ti mismo las siguientes preguntas:

1. En la gestión de los asuntos espirituales y ministeriales, ¿me estoy manejando como dueño, o como administrador de lo que es del Señor?
2. En una escala del 1 al 10, ¿dónde colocaría mi fidelidad como administrador de Dios? (Siendo el 1 el nivel más bajo y 10 el nivel más alto). Sé lo más sincero posible.

Para llegar a ser un fiel administrador de Dios tienes que reconocer tu insuficiencia y la necesidad que tienes de recurrir a la ayuda del Espíritu Santo para poder serle agradable en la administración de todos los aspectos relacionados con tu vida espiritual y secular, porque al Señor habrás de dar cuenta (ver Romanos 14:12; y 2 Corintios 5:10).

Prepárate ahora para arribar a la conclusión de *Un Líder a Estribor*, donde podrás hacerte consciente de cuáles son las cualidades esenciales que hacen líder a un creyente en una posición de liderazgo. Con ese capítulo final terminarás la lectura de este libro, pero continuarás tu marcha en el gratificante viaje de transformación que con él has emprendido para consolidarte como un líder espiritual auténtico.

CONCLUSIÓN

LO QUE HACE LÍDER A UN LÍDER ESPIRITUAL

"Doy gracias al que me fortaleció, a Cristo Jesús
nuestro Señor, porque me tuvo por fiel, poniéndome en
el ministerio." (1 Timoteo 1:12 RVR 1960)

En la actualidad muchos creyentes suponen que todo el que ocupa una posición de liderazgo en una iglesia o ministerio es un líder o una líder. Los más destacados pensadores y autores que han escrito sobre Liderazgo en las últimas dos décadas concuerdan que ni la posición ni el nivel de la misma hacen líder a ninguna persona, se trate del director de un departamento eclesiástico, del pastor, anciano u obispo de una iglesia local, del superintendente de un concilio o del presidente de un ministerio de alcance internacional.

¿Qué hace líder a un creyente que ocupa una posición de liderazgo? La mayoría de los más reputados pensadores cristianos de habla hispana coinciden en plantear que el llamado y la gracia capacitadora del Señor armonizada con una combinación de atributos, cualidades, conocimientos, capacidades, competencias, habilidades, destrezas, experiencias y situaciones hacen líder a un creyente. En el contexto de Hispanoamérica no sería una exageración plantear que en muchas de las iglesias, ministerios e instituciones cristianas (exceptuando muy destacadas excepciones) los puestos directivos claves no están ocupados por líderes siervos, sino por jefes y jefas, por ministros y ministras del tipo *"!Sí señor!"*, muchos de ellos familiares y/o acólitos de los líderes principales, quienes conservan sus puestos y relaciones primarias mediante el mantenimiento del status quo congregacional o institucional y la evitación de todo tipo de disentimiento, aun en asuntos y situaciones que claramente son inconsistentes con la práctica del Maestro de Galilea y los principios de la Palabra de Dios.

Aunque debemos reconocer los avances logrados y las inversiones que hacen muchas iglesias, ministerios e instituciones cristianas en congresos, cumbres, retiros y actividades para promover la capacitación y el desarrollo del liderazgo cristiano, sigue siendo una realidad preocupante que muchas de ellas funcionan como sistemas humanos donde los creyentes son partes y componentes que se pueden reemplazar cada vez que se generen desavenencias irreconciliables en un equipo de trabajo. En estos últimos tiempos cuando está más cerca el regreso de nuestro Señor, las iglesias, ministerios e instituciones cristianas que se mantengan ancladas en los modelos humanos de liderazgo, no sólo irán perdiendo paulatinamente su vitalidad como cuerpo, sino que verán reducida su sostenibilidad ministerial.

Aunque la causa es multifactorial, la apreciación generalizada es que muchos ministerios e iglesias cristianas de Hispanoamérica carecen de personas adecuadas en sus puestos de liderazgo espiritual tanto ejecutivo como de primera línea, y esto claramente como consecuencia de que sus tomadores de decisiones al más alto nivel, o sus asambleas electivas, parecen no comprender en su justa dimensión la esencia del liderazgo espiritual, conforme al modelo bíblico, y desdeñan la importancia que tiene para la eficacia ministerial y el cumplimiento del propósito del Señor, el que tales posiciones sean ocupadas por creyentes genuinos, con integridad espiritual, moral e idoneidad de carácter, a quienes Dios ha llamado al liderazgo. El Señor Jesucristo anda reclutando líderes que, con un alto sentido de compromiso, lealtad al Señor y sin avaricias ocultas estén dispuestos a hacer las contribuciones significativas y distintivas para las que han sido llamados en el cuerpo de Cristo. Pero es necesario que, sobre todas las cosas, esos líderes sean verdaderamente siervos.

No es lo mismo ser *"líder-sirviente"* que *"líder-siervo"*. Mientras que el líder-sirviente adula y apoya de manera ciega al líder principal, el líder-siervo lo protege cuidando sus puntos ciegos, advirtiéndole sobre lo que éste no ve. Mientras que el líder-sirviente prefiere decir lo que agrada al líder principal, el líder-siervo le dice lo que necesita escuchar aunque no le agrade. Mientras que el líder-sirviente facilita que el líder principal se precipite por un despeñadero por no externarle una opinión discrepante, el líder-siervo emite su opinión con respeto, argumentando sus razones y proponiendo abordajes alternos. Mientras que el líder-sirviente hace causa común con el líder principal cuando éste asume posturas cerradas e irreflexivas, el líder-siervo interviene con amor aportando razones atinadas que lo pueden hacer reflexionar y cambiar de opinión.

Un caso bien ilustrativo de lo que es ser siervo y ser *sirviente*, se encuentra en 2 Reyes 5:9-14 (LBLA):

"Vino, pues, Naamán con sus caballos y con su carro, y se paró a la entrada de la casa de Eliseo. Y Eliseo le envió un mensajero, diciendo: Ve y lávate en el Jordán siete veces, y tu carne se te restaurará, y quedarás limpio. Pero Naamán se enojó, y se iba diciendo: He aquí, yo pensé: – Seguramente él vendrá a mí, y se detendrá e invocará el nombre del Señor su Dios, moverá su mano sobre la parte enferma y curará la lepra –. ¿No son el Abaná y el Farfar, ríos de Damasco, mejor que todas las aguas de Israel? ¿No pudiera yo lavarme en ellos y ser limpio? Y dio la vuelta, y se fue enfurecido. **Pero sus siervos se le acercaron y le hablaron, diciendo: Padre mío, si el profeta te hubiera dicho que hicieras alguna gran cosa, ¿no la hubieras hecho? ¡Cuánto más cuando te dice: "Lávate, y quedarás limpio"!**[117] *Entonces él bajó y se sumergió siete veces en el*

---

[117] Las negritas son un énfasis del autor.

Jordán conforme a la palabra del hombre de Dios; y su carne se volvió como la carne de un niño pequeño, y quedó limpio."

Si estos siervos se hubieran autoexcluido por temor a contradecir a su "líder supremo", lo hubieran reafirmado en su desobediente y refractaria postura, y seguramente no hubiera alcanzado la solución de su agobiante necesidad.

Todo líder auténtico quisiera contar con líderes-siervos que, además de madurez, integridad y competencia posean capacidad de pensamiento e independencia de criterio. Esos son los hombres y mujeres con los que vale la pena estar acompañados en el ministerio, pues son los que cuidan nuestra espalda y resguardan nuestro liderazgo, sirviendo de soporte firme ante las situaciones difíciles y las tormentas. Por el contrario, los líderes cristianos no auténticos prefieren estar acompañados de *"líderes sirvientes"*, pues son los que siempre le opinan a favor y en nada los contradicen; y son los que siempre se mantendrán impasibles ante sus inconductas y manejos dudosos. Son las personas con quienes funcionan las tácticas manipulativas; gente que no le hacen sombra y con quienes pueden compararse y competir y a quienes pueden exhibirle sus adornos sociales, profesionales y espirituales. Gente con quienes su ego se siente confortable.

La palabra del Señor nos enseña que Jesucristo es la esencia del liderazgo espiritual y el único modelo a seguir, por lo que el liderazgo genuino es un comportamiento que debe ser aprendido del Maestro. En el ministerio cristiano hay muchos creyentes en posiciones de liderazgo que no han recibido del Espíritu Santo el don de presidir[118], y ejercen su trabajo improvisando o empleando las

---

[118] Este don se encuentra referido en Romanos 12:8 (*"el que preside"*) y 1 Tesalonicenses 5:12 (*"os presiden"*). La palabra griega utilizada es *Proístemi* que significa estar al frente, conducir, dirigir, gobernar, ocuparse. En estos textos está referido al *"carácter que proporciona el modelo necesario para dirigir a otros, es decir, para impactar positivamente con el ejemplo. Subraya la efectividad de influenciar a las personas por tener una reputación basada en un sólido historial"*. Helps Ministries, Inc., *HELPS Word-studies*, copyright © 1987, 2011

condiciones de liderazgo con las que han nacido. Entendemos que las condiciones naturales tienen que ser supeditadas a las virtudes que da el Espíritu, pues de lo contrario, se estará ejerciendo un liderazgo deficiente. Tanto el potencial natural como la competencia dada por el Espíritu tienen que ser desarrolladas por el creyente, aprendiendo a ser un siervo-líder a los pies del que está sentado a la diestra de Dios (Jesucristo).

Sobre el paradigma del siervo-líder, John Maxwell comenta: *"Si realmente quieres llegar a ser el tipo de líder que la gente quiere seguir, tienes que decidir ser un servidor. Si tu actitud es que te sirvan más que servir, puede que tengas problemas. Deja de señorearte de las personas y empieza a escucharlas. Deja de actuar en busca de ventajas personales y empieza a arriesgarte por el beneficio de otros"*[119].

Nosotros hemos resumido el concepto de liderazgo propuesto en Las Escrituras de la siguiente manera: *"Un líder espiritual es un creyente genuino que, estando en una posición de primacía y autoridad, se desempeña como siervo; se trata de una persona ordinaria, pero madura, que posee cualidades y competencias para lograr junto a otros cosas extraordinarias para la gloria del Señor y la edificación del cuerpo de Cristo."*

George Barna propone un concepto de liderazgo que incluye cinco atributos claves: *"El líder es alguien que moviliza; que se centra en influir en las personas; una persona que es impulsada por objetivos y metas; que tiene una visión común con aquéllos a quienes lidera; y alguien que tiene personas dispuestas a seguirlo."*[120] Como pueden leer, liderar es mucho más que estar al frente de algo e influir en la gente. El

---

[119] John C. Maxwell, *Las Veintiún Cualidades Indispensables de un Líder* (Nashville, TN: Editorial Caribe-Betania, 2000), 119.

[120] George Barna, *Líderes en el Liderazgo* (Miami, FL: Editorial Vida, 2007).

liderazgo no se ostenta ni se exhibe sino se ejerce y se brinda con un enfoque transformacional[121] y no transaccional[122].

Aunque el enfoque y estilo de liderazgo que debe emular un líder espiritual auténtico es el de Jesucristo (siervo-líder), hay diversidad de enfoques y estilos que se pueden aplicar en el liderazgo cristiano. Los expertos tanto del campo secular como cristiano prefieren y promueven los enfoques y estilos de liderazgo que se centran en el servicio a las personas. Mencionamos aquí dos modelos propuestos por tres destacados autores cristianos, quienes también escriben sobre el tema Liderazgo para el mundo empresarial:

John Maxwell propone un modelo de liderazgo que consiste en cinco componentes progresivos:

1. Liderar con el ejemplo (el líder lo hace primero).
2. Guiar o Modelar (el líder lo hace y el colaborador observa).
3. Monitorear (el colaborador lo hace y el líder observa).
4. Motivar e Inspirar (el colaborador lo hace, el líder lo apoya).
5. Multiplicar o Replicar (el colaborador lo hace y capacita a otros)[123].

Un estilo similar a este fue el empleado por Jesús con sus discípulos en sus tres años y medio de ministerio.

---

[121] **Transformacional**: Estilo de liderazgo en el que los líderes se invierten en los seguidores, se centran en los objetivos, metas y resultados específicos, explorando de manera continua mejores formas de alcanzarlos. Hay una relación Líder-Colaborador. Disponible en: http://www.leadingtoday.org/weleadinlearning/transformationalleadership.htm

[122] **Transaccional**: Estilo de liderazgo en que los líderes intercambian recompensas tangibles para lograr el compromiso y la lealtad de los colaboradores. Hay una relación Jefe-Subordinado. Disponible en: http://www.leadingtoday.org/weleadinlearning/transformationalleadership.htm

[123] John Maxwell, Las 21 Leyes Irrefutables del Trabajo en Equipo (Nashville, TN y Miami, FL: Editorial Caribe, 2001).

Paul Hersey y Ken Blanchard proponen un modelo de liderazgo llamado *"situacional"* que se enfoca en las personas, y en cómo inciden en el trabajo sus habilidades, madurez y disposición. Estos dos autores básicamente proponen que el líder en un grupo u organización debe variar su estilo y manera de interactuar con sus colaboradores y abordar los compromisos compartidos en función de:

a) Lo que se requiere para el mayor rendimiento y eficacia en el trabajo.
b) Los conocimientos y capacidades necesarias para el desempeño de las responsabilidades y tareas.
c) El nivel de motivación y confianza de cada colaborador.
d) El nivel de desarrollo o madurez de cada colaborador con relación a los requerimientos de su posición.[124]

La aplicación de este modelo puede ser favorable a los líderes espirituales, pues los colaboradores en el ministerio difieren en capacidades, madurez y actitud. Sólo es necesario capacidad de diagnóstico de las distintas situaciones y flexibilidad para adaptar su *estilo de liderazgo*[125] a cada una de ellas.

Las iglesias, ministerios e instituciones cristianas del siglo XXI están necesitando, en sus posiciones claves de liderazgo, a creyentes genuinos que tengan combinadas un conjunto de cualidades y virtudes que les permitan llenar la medida que sobre ellos tienen tanto Jesucristo como el pueblo de Dios. Están requiriendo de mujeres y hombres con cualidades para liderar que sirvan a los

---

[124] Una explicación detallada del modelo Hersey-Blanchard puedes encontrarla en: https://utncomunicacionprofesional.files.wordpress.com/2012/07/liderazgo-situacional.pdf

[125] Un test para conocer tu estilo de liderazgo puedes encontrarlo en: https://postgradouft.files.wordpress.com/2013/08/test-de-hersey-y-blanchard-test-y-teoria-de-liderazgo-1.doc

creyentes brindándoles su liderazgo; personas con idoneidad de carácter que hayan sido convocadas por el Dios Eterno a colaborar con Él en el liderazgo, habiéndoles concedido atributos y características personales que se evidencian en su conducta y proceder personal y ministerial, así como en su forma de vivir y en sus actuaciones.

Recordemos que para contribuir a elevar los niveles de eficiencia y efectividad en el trabajo, Jetro aconsejó a Moisés diciéndole: *"...escoge tú de entre todo el pueblo varones de virtud[126], temerosos de Dios, varones de verdad, que aborrezcan la avaricia; y ponlos sobre el pueblo por jefes de millares, de centenas, de cincuenta y de diez."* (Éxodo 18:21 RVR 1960)

El ministerio de la reconciliación fue encomendado a los seres humanos por medio de Jesucristo (el Dios Eterno hecho hombre). Él puso las bases y sobre ellas construyeron los apóstoles, incluyendo a Pablo. De ahí en adelante cada uno de nosotros tiene que ver cómo sobreedifica para que todo nuestro trabajo, esfuerzos, energías y recursos no sean invertidos en lo perecedero sino en lo eterno. Jesucristo modeló a sus discípulos las cualidades y características que hacen líder a un líder. Lo mismo hizo el apóstol Pablo con Timoteo y Tito, y esto mismo se espera de todo creyente que es designado por el Señor para el liderazgo. Es indispensable que las siguientes cualidades residan y se desarrollen y en un creyente para poder ser considerado un líder espiritual auténtico:

1. **Llamado**. Sin un llamado divino, el interés propio y el oportunismo prevalecerán sobre la pasión y el compromiso. Algunos ejemplos destacados de llamados divinos:
   −**Jesús de Nazaret:** *"El Espíritu del Señor está sobre mí, porque me ha ungido..."* (Isaías 61:1 RVR 1960)

---

[126] *Virtud* implica las capacidades, competencias, habilidades y destrezas tanto naturales, técnicas y profesionales. *Temor de Dios* implica la integridad espiritual. *Verdad* implica la integridad de carácter. *Aborrecer la avaricia* implica la integridad moral.

– **Los apóstoles:** *"Escogió a doce, a los cuales llamó apóstoles, y los envió..."* (Lucas 6:13 RVR 1960)

– **Timoteo:** *"...el don que hay en ti que te fue conferido por medio de la profecía con imposición de las manos del Presbiterio."* (1 Timoteo 4:14 LBLA)

2. **Habilitación del Espíritu.** Sin las facultades que proporciona el Espíritu Santo, el juicio propio y la autosuficiencia se impondrán sobre el discernimiento y la gracia habilitante. Algunos ejemplos destacados de habilitación del Espíritu:

– **Los apóstoles:** *"...recibiréis poder cuando el Espíritu Santo venga sobre vosotros; y me seréis testigos en Jerusalén, en toda Judea y Samaria, y hasta los confines de la tierra."* (Hechos 1:8 RVR 1960)

– **El cuerpo de Cristo:** *"...a cada uno de nosotros se nos ha concedido la gracia conforme a la medida del don de Cristo"* (Efesios 4:7 RVR 1960). Compárese Hebreos 2:4.

– **El apóstol Pablo:** *"...a fin de presentar perfecto en Cristo Jesús a todo hombre; para lo cual también trabajo, luchando según la potencia de él, la cual actúa poderosamente en mí."* (Colosenses 1:28b, 29 RVR 1960). Compárese 1 Timoteo 1:12.

3. **Mentalidad de siervo.** Sin una sincera actitud de siervo, los líderes se conducirán como jefes, instrumentalizando a los creyentes y esperando ser servidos por ellos antes que servirles. Algunos ejemplos destacados de líderes con sinceras actitudes de siervo:

– **Jesucristo:** *"...no consideró el ser igual a Dios como algo a qué aferrarse, sino que se despojó a sí mismo tomando forma de siervo..."* (Filipenses 2:6, 7 LBLA)

– **Los discípulos de Cristo:** *"No ha de ser así entre vosotros, sino que el que quiera entre vosotros llegar a ser grande, será vuestro servidor, y el que quiera entre vosotros ser el primero,* *será vuestro siervo; así como el Hijo del Hombre no vino para ser servido, sino para servir..."* (Mateo 20:26-28 LBLA)

4. **Autodisciplina.** Sin autodisciplina, el *"trabajar sirviendo al ojo"* irá desplazando a *"el hacer las cosas siendo impulsados por el amor"*, y las estimulaciones extrínsecas irán suplantando a las motivaciones intrínsecas. Algunos ejemplos destacados de autodisciplina:

– **Jesucristo:** *"No se haga mi voluntad, sino la tuya"* (Lucas 22:42 RVR 1960)

– **Los creyentes de la primera iglesia:** *"...obrando con toda diligencia, añadid a vuestra fe, virtud, y a la virtud, conocimiento; al conocimiento, dominio propio, al dominio propio, perseverancia, y a la perseverancia, piedad, a la piedad, fraternidad y a la fraternidad, amor"* (2 Pedro 1:5, 6 LBLA). *"...deseamos que cada uno de vosotros muestre la misma solicitud hasta el fin, para alcanzar la plena seguridad de la esperanza, a fin de que no seáis perezosos, sino imitadores de los que mediante la fe y la paciencia heredan las promesas."* (Hebreos 6:11, 12 LBLA)

Hoy más que nunca, en las iglesias cristianas de todo el continente se requiere de ministros que posean las competencias suficientes y necesarias (en lo espiritual, conductual, técnico y profesional) que les permitan cumplir su rol, ejercer eficazmente su liderazgo, desempeñar sus funciones y responsabilidades, impulsar una visión, desarrollar y facultar a sus equipos ministeriales, delegar autoridad, tomar decisiones acertadas, desarrollar estrategias ministeriales, celebrar victorias y correr riesgos controlados. Estas competencias les permitan guiar a sus compañeros y compañeras de ministerio, dirigiendo sus energías, recursos y capacidades hacia el logro de los objetivos ministeriales (volver a leer Éxodo 18:19-26).

Cierro este libro con las concluyentes palabras de exhortación del Dios Eterno, por la pluma del apóstol Pedro:

"Así que, hermanos, sed tanto más diligentes para hacer firme vuestro llamado y elección de parte del Señor; porque mientras hagáis estas cosas nunca tropezaréis; pues de esta manera os será concedida ampliamente la entrada al reino eterno de nuestro Señor y Salvador Jesucristo." (2 Pedro 1:10, 11 RVR 1960)

------------------------ 0 ------------------------

Te felicito por haber completado con entusiasmo la lectura de este libro. Ahora te toca a ti hacer un giro a estribor, devolver el timón a Jesucristo y dejar que el Espíritu de Dios te introduzca en la gratificante dimensión del liderazgo espiritual auténtico. Te animo a compartir este libro con tus condiscípulos, a mantenerlo cerca de ti, y a usarlo como un instrumento dispuesto por Dios para ayudarte a afilar las herramientas ministeriales que todos los días van perdiendo filo, a medida que las empleas para glorificar al Señor y edificar su iglesia.

BIBLIOGRAFÍA

Alfaro Águila-Real, J. *Las Condiciones Generales de la Contratación.* Madrid: Civitas. 1991.

Barclay, William. *Comentario al Nuevo Testamento – Vol. 7. Los Hechos de los Apóstoles.* Barcelona: Editorial CLIE, 1994.

Barna, George. *Líderes en el Liderazgo.* Miami, FL: Editorial Vida, 2007.

Bonhoeffer, Dietrich. *The Cost of Discipleship.* Nueva York: SCM Press Ltd, 1959 y Touchstone Edition, 1995.

Congregación Cristiana, Inc. *Estrategia de Evangelismo.* Santiago, Rep. Dominicana, junio 2016.

Congregación Cristiana, Inc. *Estrategia para el Desarrollo del Liderazgo.* Santiago, Rep. Dominicana, abril 2016.

Congregación Cristiana, Inc. *Instructivo para Líderes en el Sistema de Células.* Santiago, Rep. Dominicana, enero 2016.

Covey, Stephen R. *Los Siete Hábitos de la Gente Altamente Efectiva.* Buenos Aires: Editorial PAIDOS, 1997.

Davidoff, Linda L. *Introducción a la Psicología*. México, DF: McGraw-Hill, 1989.

Diccionario Bíblico Ilustrado. Barcelona: Editorial CLIE, 1981.

Diccionario de la Real Academia de la Lengua Española. Edición del Tricentenario, 2013.

Fee, Gordon D. y Douglas Stuart. *La Lectura Eficaz de la Biblia*. Miami, FL: Editorial Vida, 1985.

Galilea, Segundo. *El Camino de la Espiritualidad*. Santa Fe de Bogotá: Editora San Pablo, 1997.

Jamieson, Robert *et al. Comentario Crítico y Explicativo del Antiguo y Nuevo Testamento. Volumen II*. El Paso, TX: Casa Bautista de Publicaciones, 2003.

Jaramillo Cárdenas, Luciano. *Fidelidad, Integridad – En busca del mejor texto de Las Escrituras*. Miami, FL: SBI/Editorial Vida, 2001.

Lacueva, Francisco. *Nuevo Testamento Interlineal Griego-Español*. Barcelona: Editorial CLIE, 1984.

MacArthur, John. *¿Por qué un único camino?* Michigan: Editorial Portavoz, 2004.

MacArthur, John. *El Plan del Señor para La Iglesia*. Michigan: Editorial Portavoz, 2014.

Maxwell, John C. *Las 21 Leyes Irrefutables del Trabajo en Equipo*. Nashville, TN y Miami, FL: Editorial Caribe, 2001.

Maxwell, John C. *Las Veintiún Cualidades Indispensables de un Líder*. Nashville, TN: Editorial Caribe-Betania, 2000.

Myers, Bryant. *Caminar con los Pobres*. Buenos Aires: Ediciones Kairós, 2002.

Peterson, David B., & Mary Dee Hicks. *Leader as a Coach*. Minneapolis, MN: Personnel Decisions International, 1996.

Rand, W.W. *Diccionario de la Santa Biblia*. Miami, FL: Editorial Caribe.

Rodríguez Wignall, Fernando. *Enciclopedia Interactiva Nautilus 1*. Google Books, 2004.

Sanderson, Iván D. *ISAÍAS - Los Tiempos del Cumplimiento*. Kerns, Utah: Westbench Publishing, 2012.

Simpson, A.B. *El Poder de lo Alto*. Barcelona: Editorial CLIE, 1989.

The Lockman Foundation. *La Biblia de las Américas (LBLA)*. CA: La Habra, © 1986, 1995, 1997.

Thompson, Frank Charles. *Biblia de Referencia Thompson*. Miami, FL: Editorial Vida, 1989.

Vine, W.E. *Diccionario Expositivo de Palabras del Nuevo Testamento*. Barcelona: CLIE, 1984.

Washer, Paul D. *The Gospel's Power & Message*. Grand Rapids, MI: Reformation Heritage Books, 2012.

Wilkins, Michael J. *MATEO - Comentario Bíblico NVI con Aplicación Contemporánea*. Miami, FL: Editorial Vida, 2016.

Printed in the United States
By Bookmasters